계절의 효능

OIMU®

차례

여는말   7

봄

봄과 나	김남천	18
언니야 봄은 왔다	허민	20
봄 (기일(其一)), (기이(其二))	김현구	24
봄을 맞는다	최서해	28
춘주(春晝)	한용운	32
봄은 고양이로다	이장희	34
조선(朝鮮)의 명화(名花)인 진달네	청오생	36
나물을 캐서	허민	40
해바라기씨	정지용	42
장미	이효석	44
봄을 그리는 마음	박아지	48
사랑스런 추억(追憶)	윤동주	50

여름

첫 여름	방정환	58
여름의 미각(味覺)	계용묵	60
6월의 아침	이효석	66
빙수(氷水)	방정환	68
여름과 물	최서해	74
청포도(靑葡萄)	이육사	78
여름구름	김람인	80
수박	계용묵	84
모기	한용운	88
옥수수	이광수	90
즐겁지 않은 계절	박인환	100

가을	가을을 맞으며	최서해	108
	입추(立秋)	김현구	122
	나는 해를 먹는다	이상화	124
	가을 수제(數題)	채만식	128
	감나무에 단풍 드는 전남(全南)의 9월	김영랑	132
	단상(斷想)의 가을	이효석	142
	가을밤	박아지	148
	산채(山菜)	채만식	150
	내 집의 화분	이효석	156
	낙엽기(落葉記)	이효석	158

겨울	눈	윤동주	178
	처음눈(설(雪))	허민	180
	개는 눈(설(雪))을 모르는가	허민	184
	겨울방학(放學)에 할 것	방정환	188
	설날을 기다림	허민	194
	눈 오는 새벽	방정환	196
	동면(冬眠)	채만식	198
	겨울 식탁	이효석	202
	이월(二月)	고석규	204
	겨울 시장	이효석	206
	눈 밤	심훈	208

여는 말

 회사 앞 오래된 메밀국수 집엘 가 물국수를 주문하고 가게를 둘러보니 '메밀의 효능'이 빼곡히 적힌 액자가 눈에 띄었습니다. 메밀은 피부를 맑게 하고 고혈압 예방에 도움이 되며, 노폐물을 제거하고 변비를 치료해주는 만병통치약에 준하는 재료로구나 하며 맛나게 국수를 먹었습니다.
 저녁엔 간단한 회식 겸 구잇집에 가 벽에 붙은 '참숯의 효능'을 읽으며 돼지구이를 음미했습니다.
 그다음 날 김치찌개를 먹으러 간 식당에서도 아니나 다를까 '김치의 효능'을 광고하는 액자가 붙어있었고, 김치찌개를 섭취함으로써 면역력이 증강되며 노화가 억제되는 효험을 내심 바라며 식사를 마쳤습니다.
 회사로 돌아가는 길엔 은행나무가 길게 늘어져 있는데, 파랬던 초목이 어느새 노랗게 물들 채비 중인 듯 초록과 노랑 사이 연둣빛 잎새를 흔들고 있었습니다.
 초가을 날씨가 참 좋아 조금 더 오래 걸었습니다. 가을볕과 하늘은 청량하고, 쿰쿰한 은행 냄새까지 더해져 든든한 뱃속이 초가을의 신선한 빛으로 가득 채워지는 듯했고, 그 느낌은 다름아닌 '계절의 효능'이었습니다.

계절을 감각하는 것만으로도 제철 음식을 먹은 것과 같이 뱃속이 풍요로워지고, 마음이 개운해집니다.

1920-50년대에 신문과 잡지 등에 수록된, 계절의 효능을 맛보기 좋은 짧은 글들을 모아 엮었습니다.

접지형 목차 페이지는 계절별 그래픽을 인쇄했습니다. 각 계절감을 효과적으로 전달하고자, 폐지를 재활용한 종이, 옥수수 부산물 등이 들어간 비목재 종이, 은빛 눈발이 연상되는 무늬지 등을 사용했습니다.

원문에 쓰여진 옛 표현은 대부분 현대어로 수정하였지만 당 시대의 감성을 전달하기에 도움이 되고 문맥상 이해가 가능한 표현은 유지하였습니다.
그럼에도 불구하고 문맥상 대체가 불가한 옛말 또는 방언, 그리고 현대 표준어에서 흔히 사용되지 않는 표현에 대해서는 최대한 주석을 달아 이해를 돕고자 하였습니다.
원문의 내용상 현시대의 정서와 맞지 않는 표현은 수록하지 않았습니다.
원문에 한자(漢字)로 남겨진 표현은 한자음을 먼저 표기하고 바로 뒤 소괄호 안에 한자를 그대로 남겼습니다.

지금 계절에 맞는 쪽수를 찾아 한 글자 한 글자 옛말의 정감 어린 느낌과 맛을 꼭꼭 씹어보며 계절의 효능을 느껴보시길 바랍니다.

또한 지구 온난화가 가속화되면서 이상기후 현상이 부쩍 우리 삶을 긴장하게 하는 요즘, 문학에 투영된 계절의 감각이 시대 간 공감을 넘어 우리 고장의 빛나는 사계절을 오래오래 지켜 나갈 힘이 되길 바랍니다.

오이뮤 드림

✿✣✳✺계절의 효능✺✳✣✿

- 아름다운 풍경을 보게 되면 신진대사가 활발해집니다.
- 기분이 전환되어 두뇌 회전이 빨라집니다.
- 묵묵히 변화하는 자연을 바라보며 심신을 안정시킬 수 있습니다.
- 계절이 주는 다양한 자극은 기억력 향상에 도움을 줍니다.
- 봄 꽃구경, 여름 물놀이, 가을 단풍놀이, 겨울 눈싸움 등 계절별 놀이는 우리의 삶을 다채롭게 해줍니다.
- 계절에 나는 제철 음식을 섭취하는 것은 탄소 배출을 줄여, 환경보호에 도움을 줍니다.
- 계절을 따라 자연스러운 삶을 이어갈 수 있습니다.

춘계 ✿

봄

✿ 春季

춘계 ✿

✿ 春季

봄과 나

김남천, 『조선문학』, 1937. 4.

봄은 일 년 중에서 가장 나를 지배하는 계절이다. 그러므로 그것은 정열에 불을 달아 나를 공상에로 날게 하는 가장 매혹 있는 계절이기도 하다. 공상의 날개에 몸을 맡겨 현해탄✿을 건너게 한 것도 봄이었고 위대한 몽상에 붙들리어 학업을 중단하고 서울로 돌아오게 한 시절도 봄이었다. 다시 일 년 넘는 고향서의 칩거 생활을 뿌리치고 문학 수업을 생활 속에 세워보려는 용기를 준 것도 봄.

 이리하여 봄은 항상 나에게 청춘을 가져오게 하면서 다시 이 봄을 맞게 하고 있다. 이 봄엔 ― 이러고 생각해 보니 그 전 날의 봄이 주던 것과는 동일한 열정이면서도 사회적으로는 적지 않게 미온적인 듯하다. 이 봄부터는 창작을 한다. 이것은 확실히 몽상의 계절이 가져다주는 열정이기에는 너무도 빈약한 것이기 때문이다.

 한 봄 또 한 봄을 넘는 동안 나는 청춘을 상실하는가 보다.

✿ 현해탄: 『해양』 대한 해협 남쪽, 일본 후쿠오카현(福岡縣) 서북쪽에 있는 바다.

✿ 春季

언니야 봄은 왔다

허민, 1932. 3. 6.

춘계 ✿

　겨울이라는 것은 비봉산(飛鳳山) 너머로 몰려가고 봄이라는 것은 동산(東山)을 넘어 이 땅에 왔다.
　　언니야 바구니를 가지고 봄노래 부르며
　　너울너울 춤추는 아지랑이 속에서 나물을 뜯자.

　얼음이라는 것은 자취 없이 사라지고
　새파란 물이 바위 속에서 노래 부른다.
　언니야 수양버들 잎사귀를 배 삼아 가지고
　봄의 즐거운 노래를 담뿍 실어 띄어 보내자.

　금잔디라는 것은 어디로 갔는지 겨울 따라갔는지 저 들판에는 포릇포릇한 잎들과 꽃들이 깔렸다.
　　언니야 발맞추어 걸어 나가 맘껏 뛰자
　　그리고 우리끼리만 좋아 말고 아버지 어머니까지 모시자.

　우두산(牛頭山)에 앉은 눈이 오직이나 밉더니?
　가지에 새 움이 안 돋음을 오직이나 기다리던?
　언니야 이제는 그 맘도 사라지고 그 형용도 없어졌다.
　오직 우리 가슴에는 즐거운 봄노래가 장단 맞춘다.

　아버지께서 극락세계는 어떻다고 말씀하셨지
　　새 울음 꽃피는 아담스러운 이 봄 얼굴이 곧 그곳이 아니냐?

✿ 春季

언니야 웅크린 낯을 버리고 오직 활기 있게
이 봄을 치마에 담아 할머니에게 드리자!
오—언니여! 🌼

춘계 ✿

✿ 春季

봄 (기일(其一)), (기이(其二))

김현구, 1930~1940.

봄 (기일(其一))

강 물결 환뜻✿ 빛나 내 눈이 부시오
머리칼에 희롱하는 바람 끝이 간지럽소
햇살이 내려와 대지(大地)에 소근대면
웃음같이 틔어오는 아아 봄이여

끝없는 하늘에야 무슨 꿈을 그려보랴
노근한✿ 이 언덕 설움인들 안 잊히랴
내 마음 고요하여 한가로이 눈 감으면
골짝에 흐르는 시냇물 소리

봄 (기이(其二))

아지랑이 실오락 헤치며 헤치며
꽃을 달고 오는 봄아
너는 어디서 솟은 듯 찾아왔니
햇살 타고 내려왔니
실바람에 불려왔니

누가 데리고 온 고운 새 새끼들
아름다운 그 노래 그 노래
어디서 저리 용케 배웠다니
호사스런 꾸밈 유량(嚠喨)✿한 음악(音樂)

✿ 春季

너의 차림새야 찬란도 하지

종달새 노래 아래
꽃 속에서 졸던 봄아

참새도 모르는 새
고양이도 모르는 새

노랑나비 등에 실려
무상(無常)✿의 푸른 자욱
내 가슴에 그어놓고

실바람 스을슬 따라
너 어디로 가버렸니 🌱

- ✿ 환뜻: 번뜻.
- ✿ 노근한: 노곤한.
- ✿ 유량(嚠喨): 음악 소리가 맑으며 또렷함.
- ✿ 무상(無常): 일정하지 않고 늘 변함.

✿ 春季

봄을 맞는다

최서해, 1929. 4.

춘계 ✿

"봄을 맞는다."

말로만 들어도 좋은 것이다. 그러나 사람이 봄을 맞는지 봄이 사람을 맞는지 분간하기 어려운 일이다.

내 생각 같아서는 아직도 혈관에서 붉은 피가 소용돌이를 치니까 봄을 맞는다는 말이 나오나 보다. 하지만 사람이라는 것도 죽기만 하는 것은 아니다. 나고 죽고 나서 "중생은 무궁무진한 것이니라" 한 부처님의 말씀이 아니라도 우리는 우리의 경험으로써 사람의 끈이란 억천만대의 꿰어 놓은 한 구슬 꾸러미인 것을 알 수 있다. 가고 오고, 오고 가는 봄의 생명이 별다를 것 없다.

이렇고 보면 봄 맞는다는 말은 사람이 봄을 맞는지 봄이 사람을 맞는지 더욱 분간하기 어렵게 된다.

그러나 그것은 우리에게 큰 문제는 아니다. 봄이 사람을 맞든지 사람이 봄을 맞든지 그것은 아무렇든지 상관없는 일이다.

봄은 시절의 젊은이라는 것이 우리에게 큰 충동을 준다. 우리는 젊었다.

젊은 우리는 우리를 싸고 흐르는 시절의 젊은이와 마주치는 때마다 가슴에 잠겼던 마음이 흔들리는 것을 느끼지 않을 수 없다.

흔들리는 그 마음은 지향 없는 어지러운 물결은 아니다.

젊은 그 마음의 움직임은 새싹과 같은 움직임이다. 그것은 장차 바위라도 뚫고 푸른 하늘, 빛나는 햇발을 향하여 솟아오르고야 말 것이다.

"봄은 단술과 같이 사람을 취하게 한다."

그렇다. 봄은 우리를 취하게 한다. 그러나 그것은 술맛은 아니다. 우리의 뇌를 마비시키는 그런 것은 아니다. 우리는 봄에 취함으로써 한 치 한 치 자라간다. 한 걸음 두 걸음 앞을 그리워한다. 겨울 나뭇가지 같은 앙상한 신경에 기름이 돌고 갇히었던 마음에 싹이 튼다.

미래를 향하여 싹트는 마음은 새로운 것이다.

앞길을 생각하고 조리는 마음은 옛날을 생각하고 조리는 마음과는 같이 말할 것이 아니다.

우리는 봄을 맞자.

봄은 우리를 맞으라. 우리는 그대를 맞으려고 한다.

'봄——' 얼마나 좋은 소식이냐.

우리는 그를 그렸거니와 그도 우리를 그렸을 것이다. 젊은이가 젊은이를 그렸을 것이다.

그리던 그 봄이거니 그리던 그를 어찌 기쁨으로써 맞지 않으랴.

춘계 ✿

✿ 春季

춘주(春晝)

한용운

춘계 ✿

1.

따슨 볕 등에 지고
유마경(維摩經)✿ 읽노라니
가벼웁게 나는 꽃이
글자를 가리운다
구태여 꽃 밑 글자를
읽어 무삼하리오

2.

봄날이 고요키로
향을 피고 앉았더니
삽살개 꿈을 꾸고
거미는 줄을 친다
어디서 꾸꾸기✿ 소리
산을 넘어 오더라

✿ 유마경(維摩經): 일상생활 속에서 해탈의 경지를 체득하여야 함을, 유마라는 주인공을 내세워 설화식으로 설한 불교 경전.
✿ 꾸꾸기: '뻐꾸기'의 방언(강원, 경기).

✿ 春季

봄은 고양이로다

이장희, 『금성』, 1924. 5.

꽃가루와 같이 부드러운 고양이의 털에
고운 봄의 향기(香氣)가 어리우도다.

금방울과 같이 호동그란 고양이의 눈에
미친 봄의 불길이 흐르도다.

고요히 다물은 고양이의 입술에
포근한 봄 졸음이 떠돌아라.

날카롭게 쭉 뻗은 고양이의 수염에
푸른 봄의 생기(生氣)가 뛰놀아라.

✿ 春季

조선(朝鮮)의 명화(名花)인 진달네

청오생, 「지상종람(地上縱覽) 조선(朝鮮) 각지(各地) 꽃 품평회
(品評會) - 요새에 피는 팔도(八道)의 꽃 이약이」,
『별건곤』 제20호, 1929. 4. 1.

춘계 ✿

　무궁화를 조선의 명화라 하지만은 사실로는 진달래가 조선의 대표 명화와 같은 감이 있다. 진달래는 색깔과 형태가 미려하고 향취가 좋을 뿐 아니라 조선 전체 어느 곳이든지 없는 곳이 없어서 여러 사람이 가장 널리 알고 가장 애착심을 가지게 되는 까닭에 조선에 있어서 꽃이라 하면 누구나 먼저 진달래를 생각하게 된다. 조선의 봄에 만일 진달래가 없다면 달 없는 깜깜한 밤이나 태양 없는 극지보다도 더 쓸쓸하고 적막하여 그야말로 춘래불사춘(春來不似春)✿을 느끼게 될 것이다. 조선사람으로 외국에 가서 봄을 만날 때에는 먼저 진달래가 보고 싶고 또 진달래를 본다면 몸은 비록 외국에 있어도 마치 고국에 돌아온 것과 같이 반가운 생각이 난다. 그것은 다만 추상적인 말이 아니라 누구나 실지로 체험해 보는 일이다.

　조선사람의 진달래에 대한 애착심은 결코 일본사람의 사쿠라에 대한 애착심에 못지 않다. 그것은 여러 가지로 설명치 않고 예로부터 모든 사람의 많은 시와 노래를 가지고도 족히 증명할 수 있다. 조선에서 진달래 명소는 아마 영변의 약산 동대로 제 1지를 굽힐 것이다. 약산동대의 진달래는 물론 꽃이 좋기도 좋지만은 그보다도 『영변의 약산동대 – 진달

✿ 春季

화초가 만발 하였다…』라는 노래로 인해 널리 선전된 까닭이었다.

춘계 ✿

✿ 춘래불사춘(春來不似春): 봄이 왔지만 봄 같지 않다는 뜻으로, 어떤 처지나 상황이 때에 맞지 않음을 이르는 말.

✿ 春季

나물을 캐서

허민, 1934. 9. 21.

춘계

작년 가을 언덕에 불 질렀더니
제비 손님 오기 전 포릇포릇 나물 났네
동무동무 여애 동무 여기저기 흩어져
답북답북 도려내어 바구니에 넣는다.

물오른 버들을 피리 만들면
릴릴뻬뻬 서로 불며 생긋벙긋 웃음 웃네
일찍 피는 할미꽃을 살큼 꺾어 꼽고는
붉은 댕기 자랑하니 나물 캠도 잊었다.

냉이 캐고 쑥 캐어 해가 기우니
저녁 짓는 연기가 언덕 위에 서리우네
동무동무 여애 동무 앞서 뒤서 걸으며
흥흥흥흥 콧노래가 앞뒤에서 어울려.

✿ 春季

해바라기씨

정지용, 1935.

해바라기 씨를 심자.
담모퉁이 참새 눈 숨기고
해바라기 씨를 심자.

누나가 손으로 다지고 나면
바둑이가 앞발로 다지고
괭이✿가 꼬리로 다진다.

우리가 눈감고 한밤 자고 나면
이실✿이 나려와 가치 자고 가고,

우리가 이웃에 간 동안에
햇빛이 입마추고 가고,

해바라기는 첫시약시✿ 인데
시흘이 지나도 부끄러워
고개를 아니 든다.

가만히 엿보러 왔다가
소리를 깩! 지르고 간놈이──
오오, 사철나무 잎에 숨은
청개고리 고놈이다.

✿ 괭이: '고양이'의 준말.
✿ 이실: '이슬'의 방언(강원, 경기, 경상, 전라, 충청).
✿ 시약시: '색시'의 방언(경기, 전라).

✿ 春季

장미

이효석, 「녹음의 향기」, 『조광』, 1941. 8.

춘계 ✿

 꽃은 다 좋은 것이요, 길바닥에 밟히우는 하찮은 한 송이라도 버리기 어려운 것이지만 강잉히✿ 꼭 한 가지만을 고르라면 장미를 취할까.

 모양이며 빛깔이며 향기며, 장미는 뭇 꽃을 대표할만하다. 장미의 상징이 공통되고 단일함도 그 까닭일 듯하다. 장미의 호화로운 특징은 누구에게나 직각적이요 선명하다. 번스가 노래한 장미도 르노아르가 그린 장미도 그 속 뜻과 상징은 같은 것이다.

 동무의 집 뜰에 봄부터 줄기 장미가 놀랍게 서린 것을 부러워 여겼더니 기어코 두어 주일 병석에 눕게 되어 그 장미를 여러 차례나 선사로 받게 되었다.

 "아침 일찍이 뜰에 나가 보니 이렇게 크고 고운게 피었기에 혼자서 보기가 아까워 몇 가지 보냅니다. 귀엽게 보아 주세요" 하는 글발과 함께 분홍과 주황과 연짓빛의 각각 탐스러운 송이송이를 베어서 아이를 시켜서 보내 왔다. 무슨 선사인들 꽃만큼 좋으랴. 연짓빛 송이를 바라보며 나른한 기력에도 정신이 새로워짐을 느꼈다. 꽃을 볼 때와 음악을 들을 때같이 사람이 산 보람을 느끼는 때는 없을 듯하다.

 자리에서 일어나 그를 찾으니 뜰 안 군데군데에 줄기줄기 피어오른 만타(萬朶)✿의 화려함이 이루 방 안에서 병에 꽂은 몇 송이를 바라볼 때의 운치가 아니다. 장미는 호화로운 잔칫상이다. 자연의 커다란

사치다. 욱욱한 향기가 숲 속에 서렸다.

 장미 냄새는 늘 무슨 냄새 같을꼬 생각하면서 송이를 코끝에 시험해보니 쉽게 떠오르지 않는다. 과실 냄새 같음에는 의견이 일치되나 무슨 과실이라고는 아무도 대번에 단정하지 못한다. 한참이나 후에야 나는 비로소 그것이 별것 아닌 서양 배(梨)의 냄새인 것을 큰 발견이나 한 듯이 외쳤다. 장미 냄새는 궤 속에서 잘 무른 라 프랑스나 바아트렛의 냄새다. 누렇게 익은 서양 배의 냄새 — 그것은 동양의 냄새는 아니다. 장미의 냄새는 바로 구라파✿의 냄새인 것이다. 동양의 아무 냄새도 그 같은 것은 없다. 장미는 바로 그곳의 것이다.

 장미를 보내는 예의도 또한 그런 것일까. 붉은 장미를 보내거나 흰 장미를 보낼 때 바로 보내는 이의 정감의 표현이라는 것일까. 이방의 풍속의 여하는 모르나 장미의 선물은 바아트렛의 냄새와 같이 웬일인지 이국적인 것으로 느껴짐이 사실이다.

 장미가 뭇 꽃 중에서 으뜸 가듯이 장미의 선물은 보다 더 반갑고 좋다. 향기와 함께 그 상징이 무엇보다도 아름다운 까닭이다.

춘계 ✿

✿ 강잉히: 참거나 견디는 것이 마지못한 데가 있게.
✿ 만타(萬朵): 수많은 꽃송이.
✿ 구라파: '유럽'의 음역어.

✿ 春季

봄을 그리는 마음

박아지

시간이 늦어서 전차를 탔사외다.
무심히 쳐다보니 『춘(春)のセル 삼월(三越)』
손가락을 꼽아 날짜를 헤아려 보다가
나의 마음에 던지는 봄의 추파를 느꼈사외다.

공장에는 봄의 그림자도 없었사외다.
햇빛 못 보는 공장 안, 질식할듯한 고무의 냄새!
우울한 우리들의 얼굴빛, 옷주제✿
명랑한 봄의 기분, 그윽한 봄의 향기 찾을 길 없사외다.

봄의 꽃, 꽃의 봄, 봄을 그리는 안타까운 마음!
고무신에서 꽃을 찾었사외다.
그러나 향기가 없사외다
오직 우리들이 우울한 청춘을 아로새긴 눈물의 자국일 뿐이외다.
샘물과 새와 벌레와 바람의 그윽한 속삭임!
흙과 풀과 꽃과 나무의 구수한 냄새!
시원한 하늘, 맑은 물, 우뚝한 산, 끝없는 들, 쨍쨍한 볕, 시원한 공기! 사지를 죽 벋고 가슴을 훨썩 헤치고 기운껏 들이마시고 싶은 봄!
왼 하루, 봄을, 봄을, 봄을 애틋이 그리웠사외다.

✿ 옷주제: 변변하지 못한 옷을 입은 모양새.

✿ 春季

사랑스런 추억(追憶)

윤동주, 1942.

춘계 ✿

봄이 오던 아침, 서울 어느 조그만 정거장(停車場)에서 희망(希望)과 사랑처럼 기차(汽車)를 기다려

나는 푸라트·폼✿에 간신한 그림자를 떨어뜨리고, 담배를 피웠다.

내 그림자는 담배 연기 그림자를 날리고 비둘기 한 떼가 부끄러울 것도 없이 나래 속을 속, 속, 햇빛에 비춰, 날았다.

기차(汽車)는 아무 새로운 소식도 없이 나를 멀리 실어다 주어,

봄은 다 가고— 동경교외(東京郊外) 어느 조용한 하숙방(下宿房)에서, 옛 거리에 남은 나를 희망(希望)과 사랑처럼 그리워한다.

오늘도 기차(汽車)는 몇 번이나 무의미(無意味)하게 지나가고,

오늘도 나는 누구를 기다려 정거장(停車場) 가까운 언덕에서 서성거릴게다.

—아아 젊음은 오래 거기 남아 있거라.

✿ 푸라트·폼: 플랫폼. 역에서 기차를 타고 내리는 곳.

✿ 春季

하계 ✤

여름

✤ 夏季

夏季

계절의 효능

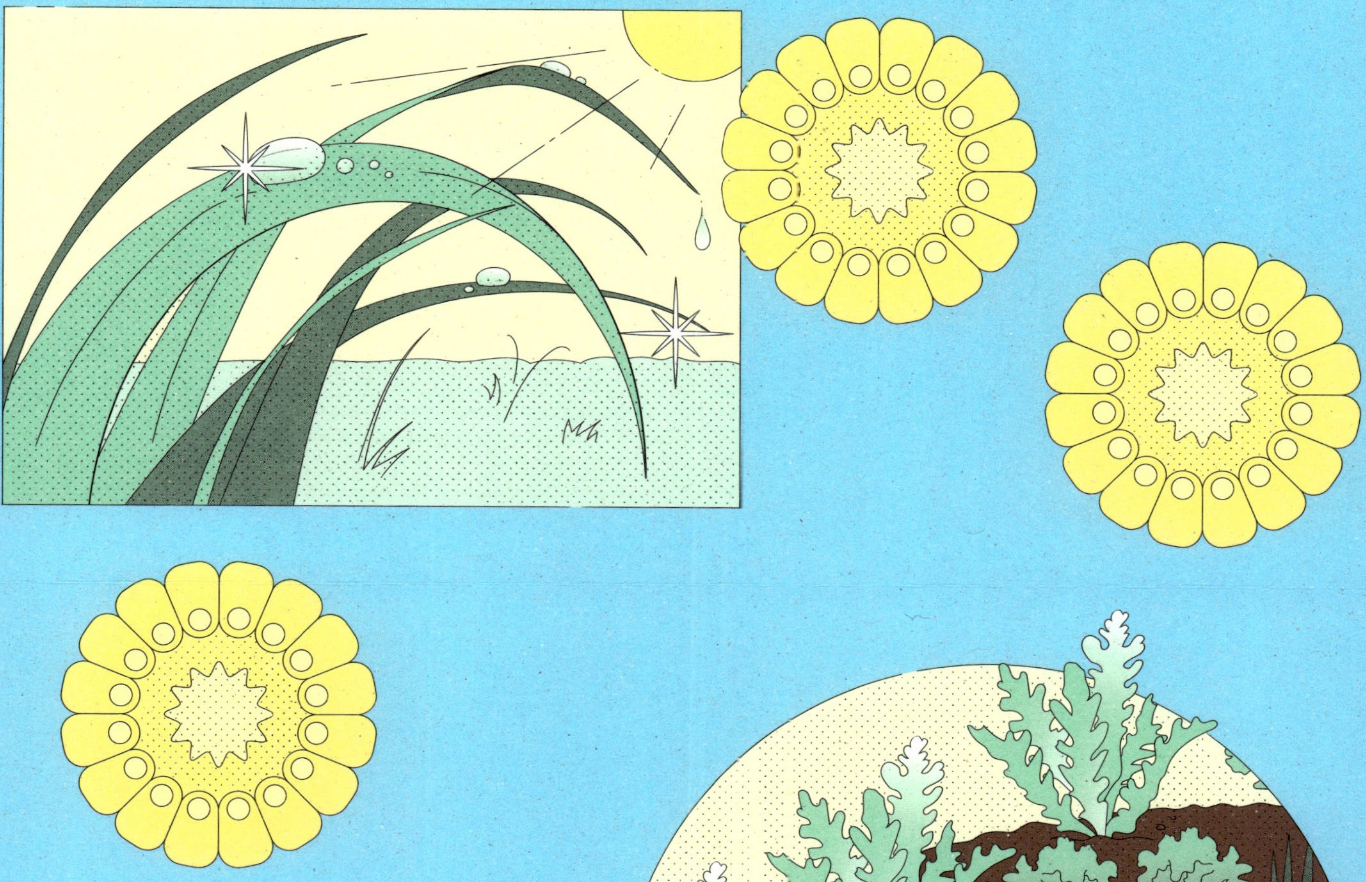

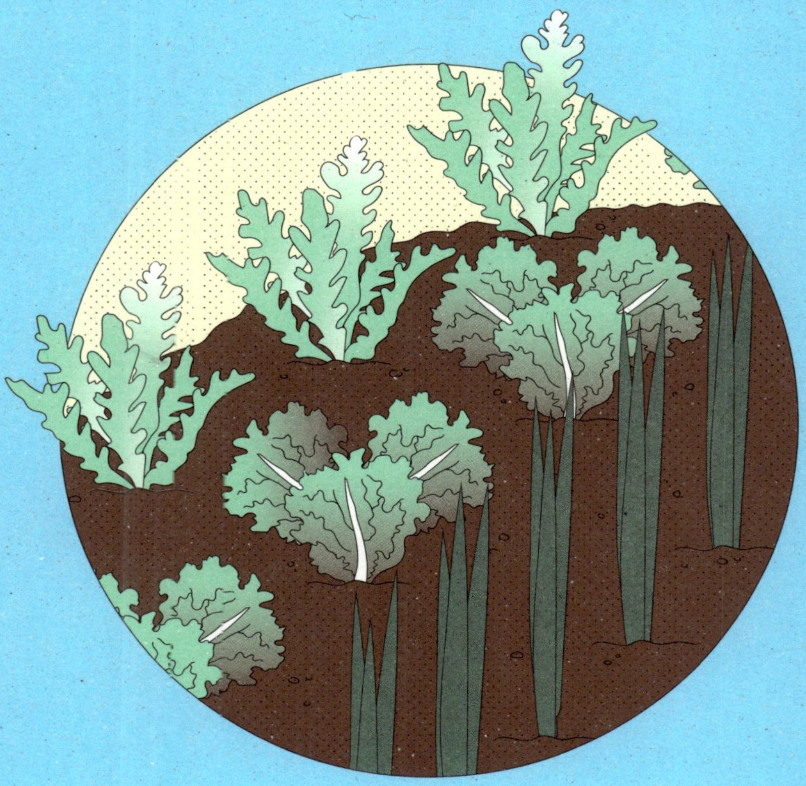

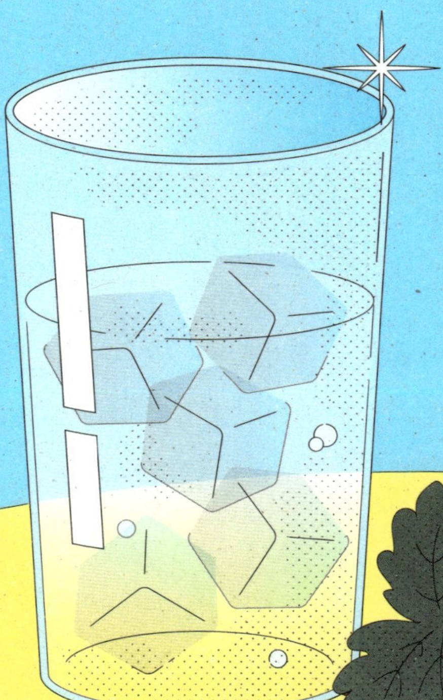

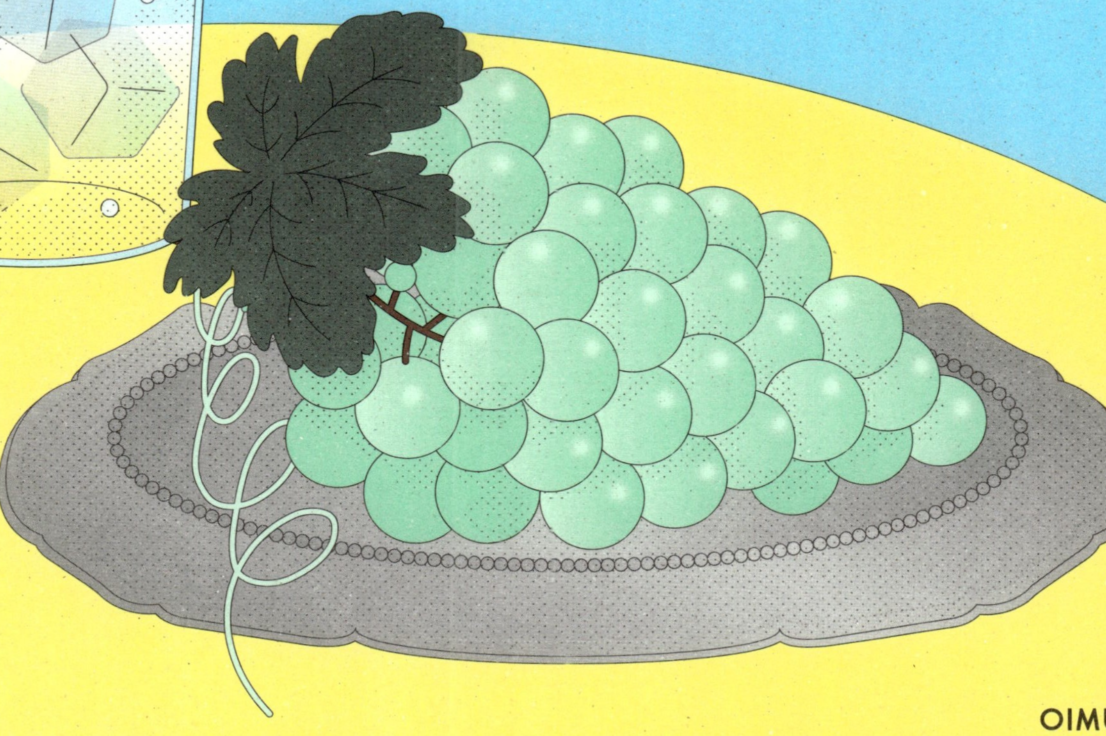

✤ 첫 여 름
✤ 여름의 미각(味覺)
✤ 6월의 아침
✤ 빙수(氷水)
✤ 여름과 물
✤ 청포도(青葡萄)
✤ 여름구름
✤ 수박
✤ 모 기
✤ 옥 수 수
✤ 즐겁지 않은 계절

OIMU®

하계 ✤

첫 여름

방정환, 『어린이』 5권 5호, 1927. 5.

아아, 상쾌하다! 이렇게 상쾌한 아침이 다른 철에도 또 있을까?

물에 젖은 은빛 햇볕에 향긋한 풀내가 떠오르는 첫여름의 아침! 어쩌면 이렇게도 상쾌하랴. 보라! 밤 사이에 한층 더 자란 새파란 잎들이 새맑은 아침 기운을 토하고 있지 않느냐. 가늘은 바람결같이 코에 맡치는 것이 새파란 향긋한 풀내가 아니냐.

그리고, 그 파란 잎과 그 파란 풀에 거룩히 비치는 물기 있는 햇볕에서 아름다운 새벽 음악이 들려오지 않느냐? 아아, 복된 아침. 그 신록의 향내를 맡고 그 햇볕의 음악을 듣는 때마다, 우리에게는 신생✤의 기운과 기쁨이 머릿속, 가슴속, 핏속에까지 생기는 것을 느낀다.

✤신생: 사물이 새로 생김.

✤ 夏季

여름의 미각(味覺)

계용묵, 『매일신보』, 1942. 5.

하계 ✛

여름은 채소를 먹을 수 있어 좋다.

시금치, 쑥갓, 쌈, 얼마나 미각을 돋우는 대상인가. 새파란 기름이 튀어지게 살진 싱싱한 이파리를 마늘장에 꾹 찍어 아구아구 씹는 맛 더욱이 그것이 찬밥일 때에는 더할 수 없는 진미가 혀끝에 일층 돋운다.

그러나 같은 쌈, 같은 쑥갓이로되, 서울의 그것은 흐뭇이 마음을 당기는 것이 아니다. 팔기 위하여 다량으로 뜯어다 쌓고 며칠씩이나 묵혀 가며 시들음 방지(防止)로 물을 뿌려선 그 빛을 낸다. 여기 미각이 동할 리 없다. 여름철이 아니고는 이런 것이나마 역시 맛볼 수 없는 것이기는 하나, 싱싱한 채정(採精)✛이 다 빠지고 취김 물에 겨우 제 빛을 지니어 가는 그 가닌힌 이파리가 비위에 틀린다.

그래서 이 미삼 닌 샌 쌈이 그리운 여름이 와도 여름을 잊은 듯이 그처럼 좋아하는 쌈 한번 마음 가득히 먹어 보지 못했다. 언제나 시골서처럼 채원✛에다가 푸른 식량을 한 밭 심어 놓고 식욕이 움직일 때마다 먹으면 뱃속까지 새파랗게 물들 것 같은 싱싱한 정기가 담뿍 담긴 그 푸성귀를 아구아구 씹어 먹어 볼는지ㅡ.

아내도 그런 것이 무척 그리운 모양으로 가게에서 사오는 그것보다 어떻게 좀 생기가 돌게 만들어 먹을 수 없을까 한 번은 파를 사다가 서울집 하고도 유별히 좁은 그 마당 한 귀의 물독 옆에다가 세네 포기를 꽂아 놓고 물을 주어 키웠다.

이걸 하루는 고향에서 손님이 왔다가 보고 "저게 뭐 채원(菜園)인가?" 해서 고성소(高聲笑)✢를 한 일이 있기도 했거니와, 이런 것에 구애가 없이 사는 시골 사람이 무척 그립다.

어떻게도 우리 집 마당이 좁은 것인가는 여기에 그 평수를 숫자적으로 따지어 밝히기보다 좋게 설명해 주는 것이 있으니 바로 작년 봄이었다. 시골서 입학시험을 치러 올라왔던 어떤 여학생 하나가 마당 한복판에 서서 사방을 두루 살펴보더니 "마당은 어디 있어요?" 해서 웃었다면 그 마당의 넓이가 얼마나한 정도일 것인가는 가히 짐작해 알 것이다. 그러니 그렇게 심어 먹기를 즐기는 아내이었건만 그 파 다섯 포기(꼭 다섯 포기)밖에는 여기에 더는 생념✢을 내지 못하고 넘석거린다.

"그 뒤꼍 바위 위에다가 흙을 좀 사다 붓고 쌈이나, 그런 것을 좀 못 심을까요?"

"장독은?"

"장독 옆으로 말이에요."

"사다가 먹는 게 그저 싸지."

"그래두―."

아내는 되건 안 되건 한번 시험을 해 보았으면 하는 심정이다.

그러나 그 바위 위에다가 흙을 덮으려면 한 자 두께는 덮어야 할 게니 한 자 두께면 흙이 한 마차, 한 마차면 비용이 사 원, 그리 많은 돈은 아니나, 장마를 한번 겪고 나면 꼭 사태(沙汰)✢질에 나중에는 그 흙을 쳐내는 인부삯까지 처넣어야 될 것만 같으니 아내의 그 심경을 헤아려 보고자 하기도 딱한 노릇이다. 이유를 설명하고 승낙을 않았더니 아내도 그건 그럼즉이 생각이 들었던지 다시는 더 아무 말이 없이 그저 그 마당귀의 파 다섯 포기에만 일심으로 손을 넣으며 이즘엔 한 포기를 더 늘여 여섯 포기가 담짬에서 새파랗게 자라나며 반찬의 양념을 돕는다.

하지만 가게에서 사오는 시들은 백채(白菜)✢엔 아무리 신신한 파가 들어가도 그토록 맛을 놓는 것이 되지 못된다. 모처럼 애를 쓰고 키워서 만든 김치를 맛이 없달 수 없어 잠자코 먹기는 하지만 결국은 아내의 손만 좀 더 분주하게 만드는 수고밖에 더 되어지는 것이 아니다.

겨울밤 찬밥에다 동치미를 썰어 비빈 그 기운찬 맛, 미미각(美味覺)✢의 여성적인 추과(秋果)✢, 고사리, 맛이나물 같은 가지가지의 춘채(春菜)✢, 철철이 미각의 대상이 계절을 자랑하지 않는 것이 없으나,

여름철의 그것이 내게는 좀 더 유혹적이건만…….

참외와 수박이 결코 추채류(秋菜類)✢에 떨어지는 미각이 아니거니와, 쑥갓, 쌈이 또한 산채에 지는 것이 아니건만…….

먹는 데도 역시 그 운치가 반은 더 미각을 돋우는 것이어서 수박은 다락 위에서 꿀을 부어 한가히 먹어야 맛이 나고, 참외는 거적문을 들치고 들어가는 원두막 안에서 먹어야 맛이 난다. 그런 것을 서울선 기껏 골랐대야 따다 두어서 익힌 속 곤 놈을 그것도 마루 위에서밖에 앉아 먹을 데가 없으니 제 맛이 돋길 리가 없다.

이즘 한참 수박과 참외를 수레에다 잔뜩 싣고 거리거리 돌아가며 외쳐내는 하나 쑥갓이나, 쌈 매한가지로 내 비위는 그렇게 흐뭇이 움직여지는 것이 아니다.

"쥔치✢ 사라우?"

채소에 맛이 없어 하니 아내는 생선장수를 불러 세운 모양이다.

"외이✢를 사지?"

"글쎄, 생생한 게 여기에 올라와야지요."

"그럼 거리에 내려가 보지?"

"아까도 내려가 봤는데요. 뭐 소경✢ 눈 뜨나 감으나예요."

오늘도 김치는 또 굶었다.

✢ 채정(採精): 나물의 원기.
✢ 채원: 전문적으로 채소를 심어 가꾸는 규모가 큰 밭.
✢ 고성소(高聲笑): 소리 높여 웃다.
✢ 생념: 어떤 생각을 가지거나 엄두를 냄.
✢ 사태(沙汰): 산비탈이나 언덕 또는 쌓인 눈 따위가 비바람이나 충격 따위로 무너져 내려앉는 일.
✢ 백채(白菜): 배추.
✢ 미미각(美味覺): 맛이 좋음.
✢ 추과(秋果): 가을에 익는 과일.
✢ 춘채(春菜): 봄나물.
✢ 추채류(秋菜類): 가을 채소나 나물 따위의 부류.
✢ 쥔치: 준칫과의 바닷물고기.
✢ 외이: '오이'의 방언(경기, 경남, 평남).
✢ 소경: '시각 장애인'을 낮잡아 이르는 말.

✤ 夏季

6월의 아침

이효석, 『청량』 4호, 1927. 1. 31.

6월

아침

신선한 맥박은 푸른 잎처럼 건강하다

야채가게 앞은

아침 세례를 받아서

생기 있는 채마밭이 아름다워라

반짝이는 은화(銀貨)로 셈을 치르고

생활의 바구니는 풍요롭게 빛나고

그녀의 뒤꿈치는 기운차게 돌았다

어디선가

아침 체조의 구령소리가

힘차게 울려 퍼진다

식기(食器) 부딪치는 소리가 흐른다

—아, 「아름다운 오늘에」의 찬가가 들려 온다.

✢ 夏季

빙수(氷水)

방정환, 『별건곤』 제22호, 1929. 8. 1.

기왓장이라고 땅바닥이 갈라지는 듯싶은 여름 낮에 시커먼 구름이 햇볕 위에 그늘을 던지고 몇 줄기 소낙비가 땅바닥을 두드려 주었으면 저윽이✚ 살 맛이 있으련만은 그것이 날마다 바랄 수 없는 것이라 소낙비 찾는 마음으로 여름 사람은 어름집을 찾아 드는 것이다.

엣-쓰꾸리잇✚! 에이쓰 꾸리잇! 얼마나 서늘한 소리냐. 바작바작 타드는 거리에 고마운 서늘한 맛을 뿌리고 다니는 그 소리 먼지나는 거리에 물 뿌리고 가는 자동차와 같이 책상 위 어항 속에 헤엄하는 금붕어 같이 서늘한 맛을 던져 주고 다니는 그 목소리의 임자에게 사먹든지 안 사먹든지 도회지에 사는 시민은 감사하여야 한다.

그러나 어름의 어름맛은 아이스크림에 보다도 밀크세-끼에 보다도 써억써억 갈아주는 『빙수』에 잇는 것이다.

찬 기운이 연기같이 피어오르는 얼음덩이를 물젖은 행주에 싸이는 것만 보아도 냉수에 두 발을 담그는 것처럼 시원하지만은 써억 써억 소리를 내면서 눈발 같은 어름이 흩어져 내리는 것을 보기만 하여도 이마의 땀쯤은 사라진다.

눈이 부시게 하얀 어름 위에 유리같이 맑게 붉은 딸깃물이 국물을 지을 것처럼 젖어 있는 놈을 어느 때까지든지 들여다보고만 있어도 시원할 것 같은데 그 샛빨간 데를 한 술 떠서 혀 위에 살짝 올려 놓아보라. 달콤한 찬 전기가 혀끝을 통하여 금시에 등덜미로 쪼르르르 다름질해 퍼져 가는 것을 눈으로 보는 것처럼 분명할 것이다.

빙수에는 바나나물이나 오렌지물을 쳐 먹는 이가 있지만은 어름맛을 정말 고맙게 해주는 것은 샛빨간 딸깃물이다. 사랑하는 이의 보드러운 혀끝맛 같은 맛을 어름에 채운 맛! 옳다 그 맛이다. 그냥 전신이 녹아 아스러지는 것 같이 상긋-하고도 보드럽고도 달큼한 맛이니 어리광부리는 아기처럼 딸기 탄 어름물에 혀끝을 가만히 담그고 두 눈을 스르르 감는 사람 그가 참말 빙수맛을 형락할 줄 아는 사람이다.

경성 안에서 조선 사람의 빙수집 치고 제일 잘 갈아주는 집은 내가 아는 범위에서는 종로 광충교 옆에 있는 환대(丸大)상점이라는 조그만 빙수점이다.

어름을 곱게 갈고 딸깃물을 아끼지 않는 것으로 분명히 이 집이 제일이다. 안동 네거리 문신당 서점 위층에 있는 집도 딸깃물을 상당히 쳐주지만은 그 집은 어름이 곱게 갈리지를 않는다. 별궁 모통이의 백진당 위층도 좌석이 깨끗하나 어름이 곱기로는 이 집을 따르지 못한다.

하계 ✥

　얼음은 갈아서 꼭꼭 뭉쳐도 안된다. 얼음발이 굵어서 싸래기✥를 혀에 대는 것 같아서는 더구나 못 쓴다. 겨울에 함박같이 쏟아지는 눈발을 혓바닥 위에 받는 것 같이 고와야 한다. 길거리에서 파는 솜사탕 같아야 한다. 뚝 떠서 혀 위에 놓으면 아무것도 놓이는 것이 없이 서늘한 기운만 달콤한 맛만 혀 속으로 스며 들어서 전기 통하듯이 가슴으로 배로 등덜미로 쫙-퍼져가야 하는 것이다. 그리고는 그 시원한 맛이 목덜미를 식히고 머리 뒤통수로 올라가야 하는 것이다. 그러는 동안에 옷을 적시던 땀이 소문없이 사라지는 것이다.

　시장하지 않은 사람이 빙수점에서 지당가위✥나 밥풀과자를 먹는 것은 결국 어름맛을 형락할 줄 모르는 소학생이거나 시골서 처음 온 학생이다. 어름맛에 부족이 있거나 아이스크림보다 못한 것 같이 생각나는 사람이 있으면 빙수 위에 닭알(鷄卵) 한 개를 깨쳐서 저어 넣어 먹으면 족하다. 딸기 맛이 감해지니까 아무나 그럴 일은 못 되지만은…

　효자동 꼭대기나 서대문 밖 모화관으로 가면 우박 같은 어름 위에 노랑물 파랑물 빨강물을 나란히 쳐서 색동빙수를 만들어 주는 집이 몇 집 있으니 이것은 내가 먹는 것 아니라도 가엾어 보이는 짓이요. 삼청동 올라가는 소격동(昭格洞)길에 야트막한 초가집에서 딸깃물도 아끼지 않지만은 건포도 사오 개를 얹어 주는 것은 싫지 않은 짓이다. 그리고 때려 주고 싶게 미운 것은 남대문 밖 봉래뎡하고 동대문 턱에 잇는 빙수집에서 딸깃물에 맹물을 타서 부어 주는 것하고 적선동 신작로 근처 집에서 누런 설탕을 콩알처럼 덩어리진 채로 넣어 주는 것이다.

빙수집은 그저 서늘하게 꾸며야 한다. 싸리로 울 타리를 짓는 것도 깨끗한 발을 치는 것도 모두 그 때문이다. 조선 사람의 빙수집이 자본이 없어서 야트막한 초가집 두어 칸 방인 것은 할 수 없는 일이라 하고 안동 네거리나 백진당 위층같이 좁지 않은 집에서 상 위에 물건 괴짝을 놓아두거나 다 마른 아욱나무 조각이나 놓아두는 것은 무슨 까닭이며 마룻바닥에 물 한 방울 못 뿌리는 것은 무슨 생각인지 이해하기 어려운 일이다.

더구나 조그만 빙수집이 그 무더워 보이는 뻘건 헝겊을 둘러치는 것은 무슨 고집이며 상 위에 파리 잡는 끈끈이 약을 놓아 두는 것은 어떤 하이카라✛인지 짐작 못 할 일이다.

하계 ✣

✣ 저윽이: 꽤 어지간한 정도로.
✣ 엣-쓰꾸리잇: 아이스크림.
✣ 싸래기: '싸라기'의 방언(전북, 충청). 부스러진 쌀알.
✣ 지당가위: 카스텔라와 비슷한 간식.
✣ 하이카라: 예전에, 서양식 유행을 따르던 멋쟁이를 이르던 말.

✛ 夏季

여름과 물

최서해, 1925. 8. 20.

하계 ✤

    뒤에는 푸른 산 앞에는 긴 강, 그새에 하얗게 깔린 그리 넓지 않은 백사(白沙)✤는 뜨거운 볕에 달아서 이글이글하다.

    나는 푸른 보리밭을 지나 그 강가 백사장으로 나아갔다. 뜨거운 모래에 발바닥은 따근따근 데는 듯하고 발갛게 깎은 머리에 스며드는 볕은 뇌장✤을 끓이는 듯하다.

    콸콸 하는 여울 소리와 같이 간간이 녹음을 스쳐오는 바람은 서늘하다.

    이른 새벽부터 초로(草露)✤에 배잠방이✤를 적셔가면서 기음✤에 피로한 촌사람들도 뜨거운 정오볕을 피하여 강가에 나왔다. 물속에서 가닥질✤치는 애들, 버들그늘에서 낚싯대 드린 늙은이, 모두 대자연의 한 넝어리같이 보인다.

    나는 옷을 활활 벗었다.

    뜨거운 모래에 옹송그린✤ 발부터 물에 넣었다. 밑에 보이지 않는 느긋한 물에 떨어진 햇발은 검푸른 물속에 속속히 흘러들어서 푸른 바탕에 느릿한 비단발 같다.

    잠잠한 물은 무릎에 와서 부딪쳐 아른아른한 길을 지으며 흐른다. 띄어놓는 걸음을 따라 두 다리를 점점 깊이 잠기는 산뜻한 물기운은 부글부글 끓는 피를 맑고 깨끗이 식힌다.

✢ 夏季

    나는 팔을 죽 폈다. 번쩍 몸을 솟아 풍덩실 물 가운데 뛰어들었다. 고요하던 물에 굵은 선(線)이 일고 일광에 영롱한 구슬 같은 물방울이 전후좌우로 퍼지면서, 싸늘한 물이 내 몸을 안을 때 나는 흐느끼면서도 긴장한 쾌감을 맡았다. 껍질을 뚫고 살에 스며들어 뼛속까지 사무치는 물기운은 청정, 경쾌한 느낌을 준다. 머리 위에 빛나는 태양은 의연히 강산(江山)을 뜨겁게 비추건만 나와는 아무 상관 없다.

    나는 두 발로 물을 차밀고 두 팔로 물을 끌어당기었다. 내 몸은 순한 물길을 좇아 둥실둥실 아래로 흐른다. 천날이고 만날이고 이 물에 이렇게 밀리면서 하늘 끝닿는 데까지 가고 싶다.

    나는 물개암나무가 우거진 조그마한 섬에 엉큼엉큼 기어올랐다. 강렬한 볕 아래 강풍에 반짝반짝 흔들리는 푸른 잎새들은 수정알같이 맑다.

    차버리다시피한 햇빛 아래 물속에서 으스스 식은 몸을 다시 놓을 때, 햇빛의 자애(慈愛)를 다시 느꼈다. 긴장하였던 힘줄은 노근히 풀려서 졸음이 수루루.

    출렁출렁한 목소리! 반짝반짝 선명한 녹음, 서늘한 바람, 여명한 일광, 그 새에 시름없이 앉은 나, 아무 괴로움을 느끼지 않았다.

    아! 우주와 인생은 아름다운 것이다.

✤ 백사(白沙): 빛깔이 희고 깨끗한 모래.
✤ 뇌장: '뇌척수액'의 전 용어.
✤ 초로(草露): 풀잎에 맺힌 이슬.
✤ 배잠방이: 베로 만든 옷.
✤ 기음: 험준한 산봉우리.
✤ 가닥질: '가댁질'의 방언(제주). 아이들이 서로 잡으려고 쫓고, 이리저리 피해 달아나며 뛰노는 장난.
✤ 옹송그린: 춥거나 두려워 몸을 궁상맞게 몹시 옹그리는.

✤ 夏季

청포도(靑葡萄)

이육사, 1939. 8.

내 고장 칠월(七月)은
청포도가 익어가는 시절

이 마을 전설이 주저리 주저리 열리고
먼데 하늘이 꿈꾸며 알알이 들어와 박혀

하늘 밑 푸른 바다가 가슴을 열고
흰 돛단배가 곱게 밀려서 오면

내가 바라는 손님은 고달픈 몸으로
청포를 입고 찾아 온다고 했으니

내 그를 맞아 이 포도를 따 먹으면
두 손은 함뿍 적셔도 좋으련

아이야 우리 식탁엔 은쟁반에
하이얀 모시 수건을 마련해 두렴

✣ 夏季

여름구름

김람인, 『시건설』 제1집, 1936. 11.

화전(火田)의 딘대✢ 넘어 풋 감자 캐노라 된볕에 쪼들려 샘물 옆 원두막 밑에 네 활개✢ 던지고 여름 하늘 묏뿌리✢에 뭉켜가는 구름에다 고달픔을 쉬오.

뙤약볕에 혀를 깨무는 산(山)숲, 죽지를 늘어트린 가지와 가지

구름은 고열(苦熱)을 헤집고 피어올라 갈 길을 다툰다.

내 산(山) 속에서 다만 구름을 벗하여 이 날을 싸워 살며 구름처럼 피어오르는 젊은 의욕(意慾)을 키워가네.

등골에 구슬처럼 솟은 땀 샘물 소리에 식어지면 극열(極熱)이 내리쬐는 산(山)등 화전(火田)으로 다시 딘대를 헤어가네.

이 괴로운 현실(現實)! 감자알을 씹어 삼키려 캐어내는 내 팔죽지에 젊은 [에네르기]를 부어주는 여름하늘⋯⋯⋯⋯⋯⋯⋯.

여름하늘의 떼구름 밀려가는 곳에, 이 가슴에 묻힌 정열(情熱)이 타오르는 곳에, 된볕을 정복(征服)할 소낙비 몰려오리니 샘물은 산골로 규율(規律)있는 보조(步調)✢를 옮기고 더위를 내뿜는 산(山) 수풀에는 새로운 호흡(呼吸)이 하늘을 향(向)하여 쭉쭉

✣ 夏季

뻗어 오르리라.

    소낙비 지난 뒤 산새 노래를 싣고 천공(天空)을 여행(旅行)할 가벼운 구름장!

    너는 이 산간(山間)에 나의 가장 진실한 이야기 동무다.

✤ 딘대: 구새('구멍'의 함경도·평안도 방언) 먹은 거목(巨木).
✤ 네 활개: 넓게 쭉 편 두 팔과 두 다리.
✤ 묏뿌리: 산등성이나 산봉우리의 가장 높은 꼭대기.
✤ 보조(步調): 걸음걸이.

✤ 夏季

수박

계용묵, 『국도신문』, 1949. 7.

하계✤

　취미에 따라서 제각기 다르기는 할 것이로되 여름 과실로는 아무래도 수박이 왕좌(王座)를 차지해야 할 것이다. 맛으로 친다 해도 수박이 참외나 다른 그 어떤 과실에 질 배 없겠으나 그 생긴 품위로 해서라도 참외나 그런 그 어떤 다른 과실이 수박을 따를 수 없을 것이다. 그 중후한 몸집에 대모(玳瑁)✤무늬의 엄숙하고 점잖은 빛깔이 우선 교양과 덕을 높이 쌓은 차림새같은 그러한 고상한 인상을 주거니와, 감미한 맛을 새빨갛게 가득히 지닌 그 속심은 이 교양과 덕의 상징이라 아니 볼 수 없다. 새빨갛게 속이 물드는 과실이 하필 수박이리오만, 유심히 보면 수박의 그것은 어느 다른 과실의 그것보다 빛의 성질이 다르다. 천진✤에 가까울 만치 순한 빛이요, 연한 살이다. 아마도 자연의 제과품으로선 이 수박이 여름의 풍물 가운데선 가장 예술적일 것이다.

　내가 수박을 좋아하는 것도 실은 이 예술적인 풍미에 있다. 그래서 나는 수박을 미각으로만 즐길 것이 아니라, 시각으로도 취미로도 즐기고 싶어, 한때 시골서 살 적엔 채원(菜園)에다가 수박을 손수 심고 가꾸며 어루만진 적이 있다.

　한 개의 예술이 완성되기까지에는 그 노력이 헐한 것이 아니듯이 이 수박을 가꾸는 노력도 참으로 헐한 것이 아니었다. 재배법을 들여다보며 꼭 법칙

✤ 夏季

그대로 가꾸는데도 말을 잘 듣지 않았다. 참외는 맺히기만 하면 결실이 거의 영락이 없는데 수박은 그렇지 않았다. 맺혔다가도 곧잘 떨어지고 한창 크다가도 결실에 이르기까지의 밑자리가 위태해서 그것을 바로잡으려고 손만 좀 대어도 손내를 맡고는 앓는다. 자연 이외의 접촉은 허하려고 아니했다. 자연이 준 지조를 충실히 지키는 과실이다.

이런 고상한 의지를 지니고 있는 것만으로도 수박은 탐나는 미각의 대상이 아닐 수 없는데, 달고 시원하면서도 훗입이 깨끗한 맛이란 여름의 그 어느 과실이 감히 따르지 못할 것이다. 적당히 익어서 땅바닥에 닿았던 부분이 누렇게 되고 두들겨 보아 북소리가 나는 놈만 골라들면 그야말로 그건 여름이 아니고는 맛볼 수 없는 일이다.

그러나 시장에 진열된 것으론 이런 게 용이히 눈에 띄지 않는다. 영리를 위하여 다량생산을 목적하고 인공을 가하여 자연을 모독해서 조숙시킨 것이 거의여서 수박 본래의 제 맛을 다들 그대로 지니지 못했다. 심지어는 속을 붉게 만드느라고 애숭이에다가 물감 주사질로 성숙시킨 것도 없는 게 아니라니 도시 사람은 어쩌면 한평생 수박의 제 맛을 모르고 지나게 되는지도 모른다.

4천여 년의 역사를 가지고 오랜 세월을 내려오

며 시인의 흥을 돋우고 만인의 입에서 오르내려 오는 수박이 오늘 와서 이렇게 변질이 되고 만다는 건 여름의 미각을 위하여 슬픈 일이 아닐 수 없다.

✤ 대모(玳瑁): 바다거북과의 하나. 등딱지는 노란색에 구름 모양의 어두운 갈색 무늬가 있다.
✤ 천진: 꾸밈이나 거짓이 없이 자연 그대로 깨끗하고 순진함.

✤ 夏季

모기

한용운, 『조선일보』, 1936. 4. 5.

모기여 그대는 범의 발톱이 없고 코끼리의 코가 없으나 날카로운 입이 있다.

그대는 다리도 길고 부리도 길고 날개도 쩌르지는✢ 아니하다.

그대는 춤도 잘추고, 노래도 잘하고 피의 술도 잘도 잘먹는다.

사람은 사람의 피를 서로서로 먹는데

그대는 동족(同族)의 피를 먹지 아니하고 사람의 피를 먹는다.

아아, 천하만세(天下萬世)를 위(爲)하야 바다같이 흘리는 인인지사(仁人志士)✢의 피도 그대에게 맡겼거든

하물며 구구(區區)한✢ 소장부(小丈夫)의 쓸데없는 피야 무엇을 아끼리오.

✢ 쩌르지는: 짧지는.
✢ 인인지사(仁人志士): 자애로우면서도 지조가 있는 사람.
✢ 구구(區區)한: 떳떳하지 못하고 졸렬한.

✤ 夏季

옥 수 수

이광수, 『삼천리』, 1940. 3.

원산 시가와 송도원 해수욕장 사이에 푸른 소나무가 빽빽이 들어 선 산기슭이 뾰족이 나와 있는 그 곳에 안(安)씨라 하는 한 기인(奇人)이 살고 있다.

안씨와 나와는 수십년 전부터 알아 오는 사이였으나 친밀한 교제가 있는 사이는 아니었었다.

올 여름 내가 송도원 해변가에서 뜻 아니한 안씨와 만나게 되어서 내 어린 자식들과 한 가지 안씨 댁으로 만찬에 불리게 되었다.

"옥수수 밖에는 아무 것도 없읍니다만." 하는 말이 안씨의 초대사이었었다.

약속한 오후 다섯 시에 안씨는 우리를 맞으러 와주었다. 초대된 손들은 만주국 별명까지 가진 나(羅)씨 부부와 그의 아이들과 그리고 우리들이었었다.

나씨와 나와는 옛 친구일뿐더러 또한 가정적으로도 벗되는 사람이었었다. 안씨의 집은 매우 풍경이 절가하고✢ 동쪽 창으로는 원산 바다가 눈앞에 잡힐 듯이 보이고 또한 뜰 앞에는 느티나무와 떡갈나무, 늙은 벗나무와 소나무 등이 울창하고 그늘을 짓고 있었다.

"이것은 조선 제일입니다 그려."

나는 무심코 말하였으나 이것은 결코 칭찬에 지난 말은 아니었다고 생각한다. "아무래도 서양 사람편이 제 고장 조선 사람보다도 풍수에도 밝으니." 라고 함은 나씨의 평이었다.

 풍수라 함은 집터나 묏자리 보는 술이라 하는 뜻이니 이 집은 지금으로부터 사십 여년 전 구한국에 해관리로 원산에 온 오이센이란 덴마크 귀족이 지은 것이었으니 지금의 주인인 안씨는 실상은 그 오이센씨로부터 물려 받은 것이었다.

 햇볕 잘 들고 풍경 좋고 게다가 서북은 산에 둘려 있는 참으로 좋은 명당이다.

 안씨는, 나와 비로소 알게 되던 때에는 안씨는 한 가난한 서생이었다. 그는 시베리아로 혹은 만주로 왔다갔다하여서, 나씨와 가까이 된 것도 해삼위✛ 방랑 때이었다 한다. 나씨도 젊어서는 사상적으로 공간적으로 또는 사업적으로도 방랑자여서 수십만 재산을 모으게 된 것은 근년에 일이요, 안씨도 지금은 자산이 오백만을 넘는다 한다. 안씨나 나씨의 나이 이제 겨우 오십! 성공한 셈일 것이다. 다만 그때나 이제나 가난한 서생으로 버틴다는 것은 나뿐이다. 피차에 젊었을 때 지낸 이야기로 시간은 흘러서 식사를 하게 되었다. 마호가니 재목인지는 모르나 훌륭한 식탁에 하얀 상보 덮여 있고 의자와 방안 세간들이 모두 어느 것이든지 시대에 어울리는 고상한 맛이 있다.

 요리는 현부인으로 이름이 있는 안씨 부인이 손수

만든 것이라 하여서 자신 급사 노릇을 하고 계시다.

처음에 나온 것이 서양 접시에 담은 누른 빛 나는 죽이었다.

"옥수수예요. 옥수수 죽입니다. 자아 어서 드세요." 하고 안씨가 먼저 스푼을 들어 한 입 떠먹었다. 나도 먹어 보았으나 참 맛났다. 이것은 호텔 같은 데에서도 식탁에 오르는 것이다 옥수수가 햇것인 까닭도 있음인지 호텔에서 먹던 것과는 비교하지도 못하리만큼 맛났다.

"이것 참 좋군." 하고 나씨는 입맛을 쩍쩍 다신다.

"대체 이것은 어떻게 만드는 거요?"

나는 안씨에게 물었다.

"뭐 어려울 것 없읍니다. 옥수수 알맹이를 따서 뭉크러뜨립니다. 그래 가지고 알맞이 끓여서 크림과 소금을 조금 넣어서 만듭니다. 아마 이건 닭국물을 조금 쳤나 봅니다마는."

"사탕은 넣지 않습니까?" 하고 묻는 것은 나씨 부인이었었다.

"아니요, 사탕은 아니 들었읍니다." 라고 안씨 부인이 대답을 하니 안씨는,

"저의 집에서는 될 수 있는 대로 사탕을 쓰지 않을 방침입니다. 조선에서는 사탕이 나지 않고 또 제 손으로써 만들 수 없으니까요. 그런데다 어느 곡식

에든지 적당한 분량의 당분이 섞여 있으니까요. 조리하는 법만 잘하면 따로 사탕을 넣지 않아도 좋을 줄 알아요."

"조물주 처방대로 하신다 말씀이죠."

나씨는 유쾌한 듯이 웃었다.

"그렇습니다. 조물주 처방에 틀림은 없습니다."

안씨는 웃지도 않고 정색으로 말하였다.

둘째번 코스는 닭을 로스트한 것이어서 이와 함께 빵과 쿠키가 나왔는데 안씨는 쿠키를 손에 들고 가리키며,

"이것도 옥수수입니다. 빵도 옥수수나 메밀로도 되지만, 밀은 조선에도 되니까 문제는 없지요. 그러나 옥수수는 어떠한 산전이라도 되니까요. 귀밀도 그렇습니다만 옥수수를 상식(常食)으로 하는 것이 조선 양식 문제 해결에 대하여 중요한 의미가 있을 줄 알므로 나는 이십년래 옥수수를 맛있게 해먹는 시험을 하고 있읍니다. 이 쿠키도 옥수수로 만든 것이니 하나 잡숴 보세요." 하고 말하였다.

"참으로 맛납니다그려."

"응, 이것 참 맛나군."

"나도 하나 더."

어른이나 아이나 다 대환영이었다.

다음에 나온 것은 전병 같은 것이었다. 안씨는 또,

"이것도 옥수수입니다." 하고 싱긋 웃어 보인다.

그것도 맛났었다.

다음에 나온 것은 옥수수를 그냥 삶은 것이었었다. 안씨는,

"입때 잡수신 옥수수가 이것입니다. 이것은 골든 밴듬이란 아메리카 종자인데, 조선 기후 풍토에도 잘 맞는다고 합니다. 자아 이번에는 원료 그대로인 옥수수를 잡숴 보십시오." 하고 권하였다.

참으로 맛났다. 말랑말랑하고도 단 기운이 있는데다가 무어라 말할 수 없는 풍미가 있었다.

아이들은 지껄이는 것도 잊어버리고 먹고 있다. 식욕이 없는 나의 아들녀석도 골든밴듬에는 제 세상이나 만난 것처럼 달려들고 있다.

"이렇게 옥수수를 먹어도 배탈이 아니 닙니까?" 하고 나는 근심스럽게 물었더니 안씨는 침착한 태도로,

"아니요, 그러한 걱정은 없읍니다. 과식만 하지 않으면 관계 없읍니다. 식탁에선 좀 무엇한 말씀이오나 옥수수를 먹으면 뒤보기가 좋습니다. 설사를 하느니 하고 말하지만 그런 일은 없읍니다. 병이 되는 것은 과식한 까닭입니다."

그리고 도마도가 나오고 신선한 버터, 치스, 야채도 여러 가지 나왔으나 이것이 모두 뜰 앞 밭과 목

장에서 손수 만드신 것으로, 돈을 내고 사오신 것은 소금과 사탕뿐이라 한다.

다음에 검은 빛 나는 음료가 나왔으므로 나는 선뜻 포도즙인 줄 알고 마셔버렸다.

"이 선생! 어떻습니까, 지금 마신 것은?" 하고 안씨는 나를 향하여 웃어 보였다.

"좋습니다 포도즙이지요?"

나는 의아한 얼굴로 안씨를 쳐다보았다.

"나도 그레이프 주우스인 줄 알았는데요."

나씨도 나와 같은 말을 하였다.

"다들 그렇게 생각하시더군요. 이것은 포도가 아닙니다. 어떤 종류의 풀열매입니다."

"야생(野生)입니까?"

"그렇죠, 야생과 같지요. 서양서 온 것입니다. 그저 뿌려만 두면 좋습니다."

안씨는 그 풀 이름을 들려 주었으나 나는 그 이름을 잊어버려서 유감이다. 언제든지 물어 보련다.

맨 나중에 나온 것은 과일과 시커먼 음료와 그리고 케이크 같은 것이었다.

"이것은 또 무엇일까. 커피나 코코아는 아닐 것이니까." 하고 나씨는 웃으면서 컵을 입에 대보고,

"아아 포스텀✛이군. 아무리 안군이라도 이것만은 수입품이군." 하고 큰소리로 마치 승리의 부르짖

음과 같이 말한다.

"아니." 하고 안씨는 유쾌한 듯이 웃었다.

"그럼 무엇이요?"

나씨는 헛 맞쳤다는 듯이 물었다.

"이것도 옥수수겠군요?" 하고 나는 농담 삼아 물었다.

"그렇습니다. 이것도 옥수수입니다. 옥수수를 볶아가지고 가루를 한 것입니다. 거기다가 어떤 풀이 조금 들어 있읍니다. 이 향기가 그 풀 향기지요."

안씨는 수줍은 듯이 말하였으나 여전히 자랑의 웃음을 머금은 빛은 감출 수 없었다.

"옳지, 이것도 옥수수라."

나씨는 또 할 수 없다는 듯이 항복하였다.

"아! 참 그렇지 그래." 하고 안씨는 부인을 돌아보며,

"밥을 조금 드릴까. 어쩐지 동양 사람은 밥을 먹지 않으면 먹은 것 같지 않으니까요." 라고 하면서 의미 있는 듯이 우리들을 둘러 보았다.

"아니요, 아니요. 더 못 먹습니다. 더는 아무 것도 못먹겠읍니다." 하는 내 말에 안씨는,

"그래도 조금만치라도." 하고 부인에게 밥을 가져오라 말하고는 이렇게 말하였다.

"나는 이렇게 생각합니다. 쌀밥은 평지 주민이

상식으로 할 것이지 조선과 같이 산악이 많은 곳엔 밭이나 산에서 되는 것으로 상식을 하지 않으면 안 됩니다. 이렇게 생각합니다. 평지의 면적은 늘지 않는데 인구는 점점 늡니다. 그런데도 하루 세끼 흰 쌀밥만 먹으려 하는 것은 무리입니다. 그래서 나는 어찌 하여서든지 산에서 만드는 식량과 그것을 맛있게 해 먹는 연구를 하고 싶어요. 그래서 내 자신 가정에서 실행하고자 생각한 바이예요. 그것은 내가 나 선생과 해삼위에서 작별하고 길림성이나 함경남북도로 돌아다니는 길에 깨달은 것인데, 실로 광대한 산야를 이용치 않고 있어요. 만일 산에서 만드는 식량과 그것을 맛있게 먹는 조리법을 발견한다면 조선은 지금 인구의 몇 배를 더 기를 수 있으리라고 생각했어요.

그래서 생각한 것이 감자와 옥수수와 밀, 조 같은 것이 있어요. 그러나 아시는 바와 같이 나 같은 가난한 서생으로는 모두 생각하는 바와 같이 되지 않고 이제야 겨우 옥수수 재배법과 조리법만은 이럭저럭 해결이 된 셈입니다. 이로부터는 감자로 옮기려고 하는 차입니다. 자 어서 잡수셔요. 실례하였읍니다. 너무 말이 길어져서. 그래서 옥수수 포스텀이라셨지요? 나 선생이 포스텀이라고 하셨으니 그래도 좋지요. 그리고 이 케이크가 감자로 만든 것입니다."하고 말하며 자기가 먼저 감자 케이크를 한 입 먹고는 옥수수 포스텀을 마시었다. 우리들도 안씨를 따라 먹었다. 포스텀과 케이크가 다 맛있었다.

식후 우리들은 바다로 면한 베란다는 아니나 넓은 마루같이 되어 있는 곳으로 자리를 옮기고 밤 바다를 바라보며 여러 가지 이야기를 하였다.

그 주제(主題)는 산의 개척이었다. 옥수수나 감자와 맥류(麥類)의 재배와 소, 양, 돼지 같은 목축은 조선의 이로부터의 농업에 신천지가 아니면 아니될 뿐 아니라 또 중요한 것이 아니면 아니 된다고 하는 말이었다.

"논과 밭을 개량함도 급무이지만 산을 개척하는 것은 창조이니까요. 자손만대 먹을 만한 양식의 새 원천을 만든다는 것이니까요."

이렇게 말하는 안씨의 눈은 빛났다. 아이들도 있는 고로 아홉 시쯤 되어서 안씨 댁을 나왔는데 작별할 때에 안씨는,

"언제 또 한 번, 이번엔 감자 만찬을 드리겠읍니다."하고 손을 내밀었다.

✤ 절가하고: 더없이 훌륭하고 좋으며.
✤ 해삼위: 블라디보스토크.
✤ 포스텀: postum. 구운 밀, 밀의 겨, 당밀로 만든 커피 대체제.

✤ 夏季

즐겁지 않은 계절

박인환, 『서울신문』, 1955. 5. 29.

— 신록에 붙여서

우리들이 신록이라고 즐거워할 시간은 이미 지났다. 그 무엇이 우리를 변하게 하고 즐겁게 한단 말이냐. 나무가 푸르고 강엔 물이 흐르고 집과 산 위에 해가 지고 달이 뜬 들 이것이 어떠하단 것이냐.

이것은 자연의 흐름 그 속에서 우리는 옛날을 이야기할 수 없고 문학과 인생이 시든 이런 시대에 살면서 또한 신록을 노래할 것인가.

풍경은 우리의 마음에서 고갈되어 갔다. 눈에 보일지 모르나 그것은 의미가 없었다.

우울하다기에는 늙었고 외롭다는 소리를 들어 주는 사람이 없다. 그저 이러한 계절이 온다면 얇은 유리잔 속에 든 진피즈를 미시면 된다.

올리브의 가날픈 향기!

신록은 떠나는 것이다. 간직할 수 없는 허망이다.

✤ 夏季

추계

가을

● 秋季

계절의 효능

秋季

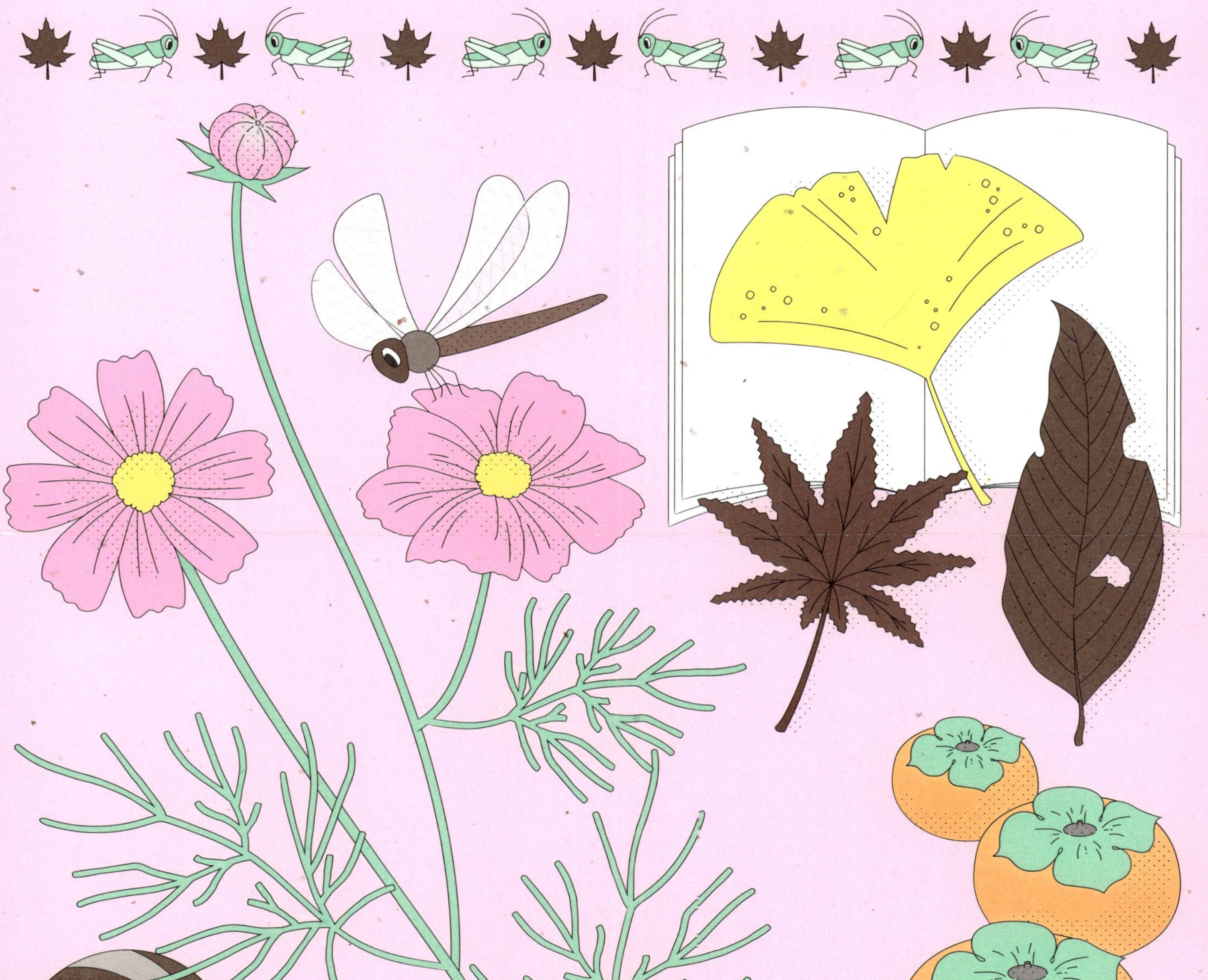

* 가을을 맞으며
* 입추(立秋)
* 나는 해를 먹는다
* 가을 수제(數題)
* 감나무에 단풍 드는 전남(全南)의 9월
* 단상(斷想)의 가을
* 가을밤
* 산채(山菜)
* 내 집의 화분
* 낙엽기(落葉記)

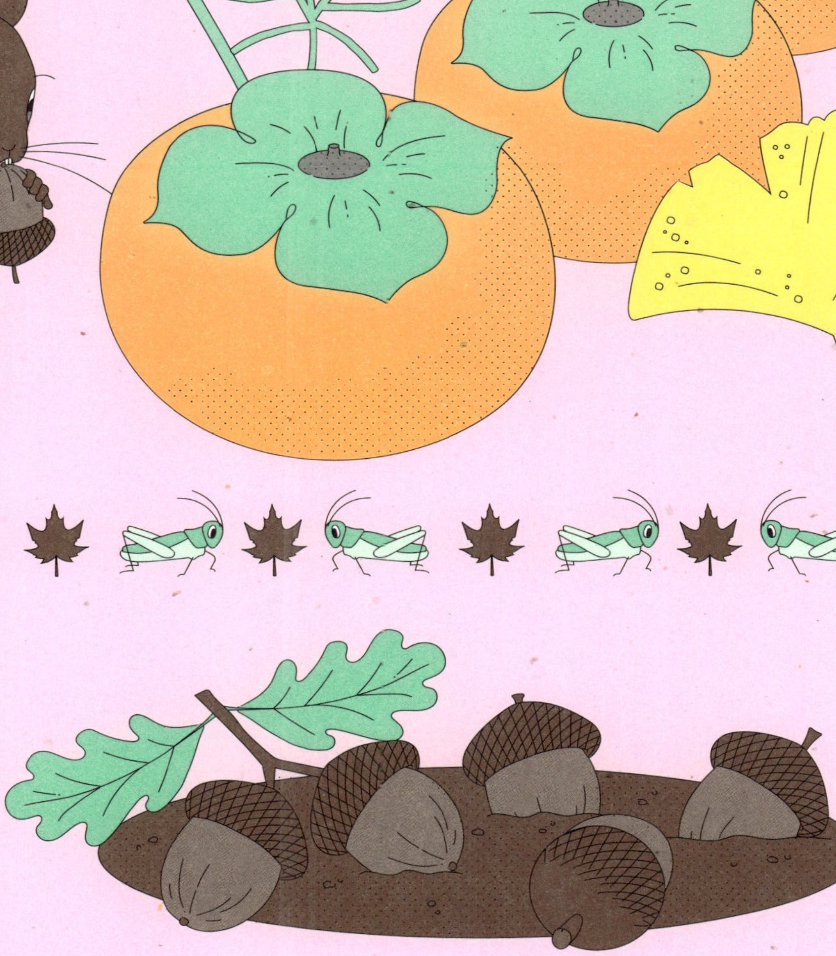

OIMU®

추계 ☀

● 秋季

가을을 맞으며

최서해, 1929. 8. 21.

추계

 불 같은 볕발은 먼 산머리에서 스러져 버렸다. 땀을 닦으면서 저녁을 먹고 마루에 나앉으니 서늘한 바람이 앞산 송림을 스쳐 내려온다. 볕발이 거두인 하늘에 떠도는 엷은 백운을 바라보면서 서늘한 바람을 받고 앉아 있으려니까 가을 같은 느낌이 일어난다.

 절수로 따져 보면 가을 같은 것이 아니라 아주 가을이다. 칠석이 지나고 말복까지 지나갔으니 사람을 뇌쇄하려던 축융(祝融)*의 위협도 이제는 힘이 풀리게 되었다. 그렇게 생각하니 그러지는 몰라도 며칠 전부터는 새벽이면 벗어 버렸던 홑이불을 다시 끌어 덮게 된다. 이글이글한 염열이 서리었던 하늘도 얼마쯤 맑아진 것 같다.

 지금도 앞산 송림 머리에 눈썹을 그린 초승달 빛이 흐르는 높다랗게 개인 하늘에 빛나는 별과 흐르는 두어 조각의 흰 구름은 서늘한 기운을 머금었다. 이슬에 젖은 마당가 물속에서 요란스럽게 흘러나오는 벌레 소리를 들으면서 마루에 앉아 하늘을 쳐다보고 있으려니까 어쩐지 여름은 벌써 지나가 버린 것 같다.

 아직도 신문지상에는 매일 여기저기의 백도(百度)*의 혹서(酷暑)*를 보도치 않는 바가 아니요 나 자신도 낮이면 더위에 흐르는 땀을 주체치 못하지

● 秋季

만 그러한 염열도 어쩐지 삼복 그때와는 다른 것 같다. 늙어가는 더위의 여독이 한창 무르익은 삼복 더위보다 오히려 심한 듯하면서도 그 속에는 그 스스로도 어찌 할 수 없는 시들은 운명의 빛발이 어디라 없이 흐르고 있다. 텁텁하던 볕발이 차츰 맑은 기운의 세례를 받고 훈훈하던 바람은 아침 저녁으로 산뜻한 맛을 띠고 달려드는 것이 한여름의 그 볕과 그 바람과는 아주 딴판이다.

그보다도 밤이 깊어서 자리에 들면 베갯머리를 요란스럽게 울리는 벌레 소리는 무어라고 형언 할 수 없이 처량하고도 회고의 정서를 움직인다. 봄 여름을 통하여 벌레 소리는 늘 들을 수 있는 일이지만 가을 기운이 하늘을 적시고 땅에 흐르기 전에는 벌레 소리도 여물지 못하는 것 같다.

깊고 짧고 높고 얕게 열 놈 열 소리로 교향악을 이룬 그 소리는 사람에게 여느 때의 벌레 소리처럼 무심히 들리지 않는다.

가을이 아니면 벌레 소리가 저처럼 회고적인 애수를 자아내지 못하는 것이다.

원수 같은 여름이 간다니 섭섭하다. 가는 여름을 섭섭히 생각할 것은 나만이 아닐 것이다. 여름은 좋고도 괴로운 시절이다. 사절 중에서 여름이라는 시절이 없었더면 우리는 자연의 자유스러운 기세를 맛보지 못하였을 것이다. 여름은 참말로 자유 해방의 상징이다.

산으로 오르나 바다로 나가나 그들은 그들이 펼 수 있는 기력을 조금도 숨기지 않는다. 그로 말미암아 그 속에 싸인 사람의 생활도 얼마쯤의 자유를 얻게 된다. 사람이 만들어 놓은 사람의 구속은 못 벗을 망정 자연의 구속은 이때에 문호를 개방하게 된다. 싸고 쌌던 몸뚱이를 드러내놓게 되는 것은 이때요 집을 버리고 푸른 하늘 아래 대지를 자리삼아 뒹굴게 되는 것은 이때다. 겨울에 봉당*도 없어서 돌베개에 머리를 던지고 눈을 덮고 지내던 생령에게는 무한한 자유의 시절이다.

나날이 우거져서 들을 덮고 산을 입힌 푸른 잎을 보고 먼 산봉우리에 피어오르는 흰 구름을 바라보면 잠겼던 핏대가 불거져 소리를 치고 잠자던 마음은 활개를 치고 구름을 따라 거침없이 달아나는 것 같다. 만일 몸이 마음을 따를 수 있다면 여름의 분방 호탕한 기분은 이 몸을 지향도 없는 먼 나라로 날릴 것이다. 여름은 청춘의 가슴에만 그러한 기세를 펼치는 것이 아니라 늙은이의 가슴에까지 로맨틱한 자유의 정조를 부어 넣는다.

사람은 여름볕의 혜택을 받으면서도 여름볕을 괴로와한다.

열 가지의 기쁨보다도 한 가지의 괴로움을 더 크게 생각한다고 사람들은 여름을 당하면 찌는 듯한 볕발의 괴로움만 생각하지 나날이 입는 여름의 혜택은 생각지 않는다. 아닌 게 아니라 여름의 볕발은 받기가 괴로운 것이다. 생각만 하여도 가슴에 더운 김이 서리는 것 같은 것은 여름볕이다.

금년같이 가뭄이 몹시 심한 해일수록 내려쪼이는 볕은 더욱 심하여 견디기 어렵다.

그러나 자연은 뜨거운 볕을 대지에 흘리면서도 피할 곳을 온 생물에게 주고 있다. 푸른 그늘이 그것이요, 바다와 샘도 그것이다.

굼실거리는 바다에 몸을 잠갔다가 푸른 그늘에 누워서 차디찬 샘을 마시면 누가 오애하일장(吾愛夏日長)*을 부르지 않으랴. 인공(人工)도 또한 그만 못지지 않으니 고루(高樓)에 누워서 선풍기의 바람에 얼음을 마시고 있는 사람에게는 장장하일(長長夏日)*도 오히려 짧을 것이다.

하지만 그것은 저마다 하는 노릇이 못 된다. 자연에 어그러지는 인사(人事)는 자연의 혜택까지 받지 못하게 한다. 대하고루*에 드러누워서 선풍기 바람의 혜택은 못 받는다 하더라도 자연이 주는 자연의 혜택이야 못 받을 것이 무엇이 있으랴마는 그것도 한 개의 태고적 논법이다.

바다에 몸을 씻고 그늘에 누워서 샘 마시는 것은 둘째로 찌는 듯한 볕발 아래 홍로 같은 길바닥에 간혹 박혀 있는 답답한 전주* 그림자의 혜택도 못받는 무리가 가는 곳마다 눈에 뜨인다. 어쩌다 먼지를 뒤집어쓴 시가수(市街樹)* 그림자나 만나면 뜨거운 김에 데는 듯한 등을 들이밀고 열사의 벌판에서 오아시스나 만난 듯이 숨 한번 편히 쉬어 보려는 무리에게는 여름볕같은 위협이 또 어디 있으랴. 여름의 하루는 고사하고 여름의 일분일각이 지긋지긋한 노릇이다. 미적지근한 물이나마 한 모금도 못 마시고 뜨거운 볕에 헤매는 사람의 괴로움은 오애하일장(吾愛夏日長)을 부르는 사람으로서는 상상도 하지 못할 바이다. 어씨 여름볕을 무섭다고 하지 않으랴. 여름볕이 무섭기만 한 것이 아니다. 여름볕을 저주까지 하게 된다. 그것도 다시 생각하면 여름볕 그것을—조금의 변덕 없이 제 길을 제 길대로 걸어가는 여름볕 그것을 저주한다느니보다 여름의 혜택을 오로지 받지 못하게 되는 자신의 구속에 대한 저주일는지도 모른다.

괴로운 현실에 부대끼면 그것을 벗으려는 것은

◆ 秋季

사람의 상정이다.

찌는 볕발이 괴로우니 어서 여름이 가버리길 원하게 된다. 서늘한 가을을 억지로라도 줄다리 듯 끄집어올 듯이 애쓰고 바란다.

그러나 자기로도 모를 힘에 일시 괴로우니 여름을 저주하고 가을 오기를 기다리면서도 여름이 쉬이 가지나 않을까 하는 무거운 걱정에 가슴속이 개이지 않는다. 그 역시 기우(杞憂)인 줄 번연히 알면서도 여름 가는 것이 크나큰 걱정이 된다. 그것은 세월이 가는 것을 아낀다는 것보다 생활의 위협을 두려워하는 것이다. 세월 가는 것도 기쁜 일은 아니다. 그보다도 구속이 두려운 일이다. 여름의 뜨거운 볕이 두렵고 저주스러우면서도 모든 것이 평민적이요 공존적인 여름은 생활의 혜택이 없는 사람에게 시절적 혜택이나마 있으되 추동(秋冬)은 그렇지 못하다.

가을의 서늘한 바람과 맑은 기운은 더위에 시달리던 인간의 흐트러진 신경을 씻어 주고 바로 잡아 주어서 사람의 기운을 한껏 돋아 준다.

여름 뒤에는 반드시 있어야 할 시절이다. 그러나 거기에는 구속이 있다.

오래지 않아 소슬한 바람에 갈대가 처량히 울고 아슬아슬한 상로(霜露)*에 나뭇잎들이 떨어질 것을

추계 ●

생각하니 나의 머리는 나로도 알 수 없는 맑은 기운에 경쾌하여지는 듯하면서도 두 어깨는 알 수 없는 무거운 그림자에 눌리는 듯이 가슴이 묵직하여서 견딜 수 없다.

금년의 가을은 농촌 세농들에게 더욱 살기를 줄 것이다. 어느 해 가을이라고 세농들의 즐거운 가을이랴마는 그래도 여름내 흘린 땀방울이 방울방울이 익어서 황엽을 재촉하는 바람에 금파를 일으키는 들에 찬 곡식 이삭을 바라보는 그들의 즐거움은 큰 것이다. 그렇게 잘 익은 쌀알이 결국은 그들의 생명의 영양이 못 되고 도리어 그들을 달달 볶아서 여름내 지친 그들의 몸을 더욱 쥐어짜게 되지만 그러면서도 익어 늘어진 벼 이삭을 목전에 보는 즐거움은 그들의 가슴을 흔들게 된다.

연전 어떤 사찰에 있을 때이었다. 그 사찰 앞에는 몇 두락의 논이 있었다. 그 논을 소작하는 사람은 4○ 넘은 노농(老農)으로 그는 15리 밖에 있는 마을에서 매일 새벽마다 왔다가는 사찰의 모종(暮鍾)*이 울려서도 이슥한*뒤에 가는 일이 많았었다.

그 해는 기후가 순조*로 나가서 그 몇 두락의 벼는 이삭마다 탐스럽게 익었다. 모여드는 참새 떼를 쫓느라고 밭머리로 돌아다니며 쨍쨍한 맑은 볕 아

◆ 秋季

래 산들거리는 바람에 황운같이 흔들리는 논판의 황도(黃稻)*를 바라보는 노농의 기쁨은 컸다. 늙음과 고생으로 주름이 억세게 잡힌 그의 검은 얼굴에는 지나간 고생을 잊은 듯이 미소가 늘 흐르는 것을 나는 보았다.

그러나 그렇던 벼를 베어 밭머리에 마당을 닦고 타작하는 날 보니 그 결과는 전혀 지주와 채귀(債鬼)*의 욕랑을 채우고 말게 된다. 거두는 기쁨에 웃음이 흐르던 노농의 얼굴에는 검은 구름이 흐르고 노농의 아내인지 점심을 지어가지고 왔던 늙은 촌부는 4,5세 된 어린애에게 젖을 물리고 타작 마당가에 돌아앉아서 눈물을 짓던 그림자는 지금도 눈앞에 어른거린다. 생각하면 어찌 눈물만 지을 일이랴. 얼굴에 흐르는 검은 구름만으로서는 그들의 가슴에 서린 괴로움과 슬픔과 원한의 한 부분도 드러내지 못할 것이다. 입을 것을 못 입고 먹을 것을 못 먹으면서 노유(老幼)*가 봄부터 정성을 다하여 지어 놓은 쌀알을 입에 넣어도 보기 전에 남의 소유로 돌아가는 것을 생각하면 피를 토할 일이요 미쳐서 날뛰어도 시원치 못할 노릇이다.

그처럼 나중에는 그의 손에서 깡그리 나가 버리는 것이건만 그들은 그것이 잘 익기를 원하고 잘 익은 벼알을 바라보는 때 찰나 사이건만 지나간 고생과 앞에서 기다리는 비극을 잊어버리고 기쁨의 미소를 금치 못한다.

그러나 금년 가을은 그들에게 그러한 순간의 희열이나마 주지 못하게 되었다. 달 넘어 계속되는 한발*은 답면(畓面)*에 균열을 내고 불의의 수난은 좀 남은 작물을 쓸어 갔으니 들에 찬 누런 이삭을 바라보는 기쁨은 둘째로 앞에 닥쳐올 태산 같은 걱정에 절반은 죽었을 것이다. 지주가 흉작을 아는 척할 리 없고 염라사자(閻羅使者) 같은 채귀의 독촉이 늦추어질 리가 없으니 닥쳐오는 이 가을은 그들에게 무엇을 줄 것인가. 풍작의 가을에도 견딜 수 없어서 형제와 처자가 산지사방(散之四方)*으로 객신지지(客身之地)*를 잃어버리고 있는 이때에 조그마한 천혜주차 못 입은 사람의 전정*은 불언가상(不言可想)*이다.

거기다가 기후까지 변하여 미구에* 상로가 내리고 뒤를 이어 빙설이 쌓일 터이니 흐르는 세월이 어찌 그들에게 원수 같지 않으랴.

아침 저녁으로 서늘한 바람이 내려서 마당가의 시들은 풀포기를 울리고 이 귀퉁이 저 귀퉁이에서 벌레 소리가 요란히 흐르는 것을 보고 들을 때마다 흐르는 세월에 늙는 생명보다 여름이 가고 가을이

● 秋季

되는 것을 두렵게 생각할 것이다.

생활의 혜택이 없는 사람에게는 그처럼 괴로운 가을이나 그와 반대의 사람들에게는 즐거운 가을이다.

산과 들에 익어 늘어졌던 누런 이삭을 거두어 갑갑하게 닫아 두었던 창고를 채우고 닥쳐오는 엄동설한을 그윽히 기다리는 만족의 희열은 더욱 말할 것도 없거니와 산들산들한 바람에 등골에 흐르던 땀방울이 걷히는 기쁨도 큰 것이다. 불 같은 여름볕에 가슴에 서리었던 뜨거운 김이 갈대를 울리는 맑은 바람에 스러지고 몸을 적시던 끈끈한 땀방울이 걷히면 느릿하던 세포가 단단히 줄어들고 만사에 내키지 않던 마음까지 맑은 바람을 타고 맑은 하늘로 오르는 듯이 활기를 띠게 된다. 하늘에 빛나는 물 같은 달빛을 보나 나뭇잎이 시원스럽게 걷힌 산곡을 고요히 울리는 샘소리를 들으나 모두 텁텁하던 여름의 무거운 더위를 벗어나서 맑은 정신으로 새로운 활기를 띠게 된다.

등화를 가친이라 하여 가을을 독서의 호시기로 지목하는 것도 사람의 머리가 맑아지는 까닭일 것이다.

찌는 듯한 더위에 온갖 물 것까지 들이덤비는 여

름 밤에는 등불까지 더위와 물 것을 더욱 불러들여서 귀찮고 갑갑하다.

그렇던 등불도 대지에 찬 이슬이 흐르면서부터는 여름의 그 등불이나 다름없는 등불이건만 보면 볼수록 더 밝아 보이고 친하면 친할수록 등불과 마음은 한 덩어리가 되는 것 같다.

소슬한 바람이 상로에 젖은 잎들을 울리는 밤 그러한 등불 밑에서 서적을 대하고 고요히 앉았으면 개인 마음은 장장*을 따라 우주의 넓은 들을 자유롭게 오락가락하고 있다. 흐트러졌던 마음이 한 갈래로 보이고 구속이 되었던 마음이 굴레를 벗어 자자구구*를 따라 자자구구 이상의 무엇을 찾아 나가는 쾌락은 무엇보담도 가을이라는 시절이 주는 크나큰 선물이라고 하지 않을 수 없는 일이다. 가을은 실로 독서자에게는 없지 못할 가을이다.

가을은 청결한 맛으로서만 사람의 마음을 씻어 주는 것이 아니라, 알 수 없이 스며드는 슬픔으로서도 사람의 마음을 씻어 준다.

봄도 사람의 마음에 슬픔을 흘리고 가을도 사람의 마음에 슬픔을 흘리되 애연한 봄 마음에 흐르는 슬픔과 청징한 가을 마음에 흐르는 슬픔은 맛이 퍽 다르다. 애연한 봄에 흐르는 슬픔은 자주빛 안개 속

● 秋季

에서 흘러나오는 단소 소리같이 애연하지만 청징한 가을에 흐르는 슬픔은 칼을 만지는 장사의 노래같이 강개하다. 하나는 여성적이요. 하나는 남성적이다. 깊은 밤 남은 등불 밑에서 서리에 젖은 기러기 소리를 들어 보라. 늙은이 젊은이 할 것 없이 그 소리를 무심히 듣지 못할 것이다. 밤을 울리는 그 소리는 슬프면서도 씩씩한 맛이 있고 그윽하면서도 맑은 맛이 돌아서 차마 들을 수 없으면서도 오래오래 듣고 싶다. 듣고만 싶은 것이 아니라 듣는 사람의 가슴에 흘러드는 그 소리는 다시 듣는 사람의 입으로 흘러나올 것 같고 그 소리에 몸이 실려서 넓은 들 높은 산을 지나 멀리멀리 가지는 것같이 슬프면서도 그 슬픔은 구속에서 몸을 뺀 슬픔으로 도리어 시원한 쾌락을 불러온다.

그러므로 가을의 슬픔은 봄의 슬픔과 같이 사람을 마취케 하는 슬픔이 아니라 여름 더위의 끈끈한 땀에 기운 잃은 세포를 올올이 씻어 주고 더위에 잠겼던 마음을 씻어 주는 쾌락을 일으킨다.

어느 때나 이렇게 자연은 같은 것이다. 그러나 고르지 못한 인사(人事)는 자연을 모두 같게 대할 수 없게 된다.

- 축융(祝融): 여름을 맡은 신.
- 백도(百度): 온갖 법률과 제도.
- 혹서(酷暑): 몹시 심한 더위.
- 봉당: 안방과 건넌방 사이의 마루를 놓을 자리에 마루를 놓지 아니하고 흙바닥 그대로 둔 곳.
- 오애하일장(吾愛夏日長): 나는 긴 여름날을 사랑한다.
- 장장하일(長長夏日): 기나긴 여름날.
- 대하고루: 큰 집과 높은 누각.
- 전주: 전봇대.
- 시가수(巾街樹): 가로수.
- 상로(霜露): 서리와 이슬을 아울러 이르는 말.
- 모종(暮鍾): 해 질 무렵에 치는 종.
- 이슥한: 밤이 꽤 깊은.
- 순조: 일 따위가 아무 탈이나 말썽 없이 예정대로 잘되어 가는 상태.
- 황도(黃稻): 노란 벼.
- 채귀(債鬼): 악착같이 이자를 받고 빚 갚기를 몹시 졸라 대는 빚쟁이를 비유적으로 이르는 말.
- 노유(老幼): 늙은이와 어린아이를 아울러 이르는 말.
- 한발: 심한 가뭄.
- 답면(畓面): '논바닥'의 북한어.
- 산지사방(散之四方): 사방으로 흩어짐.
- 객신지지(客身之地): 나그네의 땅.
- 전정: 지주의 땅을 빌려서 농사를 지은 후에 소작료를 치르던 농민.
- 불언가상(不言可想): 아무 말을 하지 않아도 능히 짐작할 수 있음.
- 미구에: 얼마 오래지 않아.
- 장장: 맑거나 밝으며 아름다운 모양.
- 자자구구: 각 글자와 각 글귀.

● 秋季

입추(立秋)

김현구, 1930~1940.

추계 ●

어젯밤

불현듯 서해(西海)에 풍랑(風浪)이 일어

오늘 아침

천지(天地)가 온통 요란스럽습니다

하늘에 구름은

한층 바삐 달음질치고

수목(樹木)●들이

슬픈 몸짓으로 설레입니다●

난데없는 소란에 황겁한 꾀꼬리

몸을 감추고

숲속 소스라쳐 깨운 벌레 소리

하늘에 가득 찹니다

아아 영혼(靈魂)의 슬픈 유랑(流浪)과

조락(凋落)●의 붉은 상장(喪章)● 몸에 누르고

가을이 산을 넘어

찾아옵니다.

● 수목(樹木): 살아 있는 나무.
● 설레입니다: 가만히 있지 아니하고 자꾸만 움직이다.
● 조락(凋落): 초목의 잎 따위가 시들어 떨어짐.
● 상장(喪章): 거상(居喪)이나 조상(弔喪)의 뜻을 나타내기 위하여 옷깃이나 소매 따위에 다는 표.

● 秋季

나는 해를 먹는다

이상화, 1935. 12.

추계 ●

구름은 차림옷에 놓기 알맞아 보이고
하늘은 바다같이 깊다란하다.

한낮 뙤약볕 쬐는지도 모르고
온몸이, 아니 넋조차 깨온 아찔하여지도록
뼈저리는 좋은 맛에 자지러지기는
보기 좋게 잘도 자란 과수원의 목거지*다.

배추 속처럼 핏기 없는 얼굴에도
푸른빛이 비치어 생기를 띠고
더구나 가슴에는 깨끗한 가을 입김을 안은 채
능금을 부수노라 해를 지우나니.

나뭇가지를 더우잡고 발을 뻗기도 하면서
무성한 나뭇잎 속에 숨어 수줍어하는
탐스럽게 잘도 익은 과일을 찾아
위태로운 이 짓에 가슴을 조이는 이때의 마음
저 하늘같이 맑기도 하다.

머리가닥 같은 실바람이 아무리 나부껴도
메밀꽃밭에 춤추던 벌들이 아무리 울어도
지는 날 예쁜이를 그리어 살며시 눈물지는,
그런 생각은 꿈 밖에 꿈으로도 보이지 않는다.

● 秋季

남의 과일밭에 몰래 들어가
험상스런 얼굴과 억센 주먹을 두려워하면서
하나 둘 몰래 훔치던 어릴 적 철없던 마음이 다시 살아나자
그립고 우습고 죄 없던 그 기쁨이 오늘에도 있다.

부드럽게 쌓여있는 이랑의 흙은
솥뚜껑을 열고 밥김을 맡는 듯 구수도 하고
나무에 달린 과일 ― 푸른 그릇에 담긴 깍두기같이
입안에 맑은 침을 자아내나니.

첫 가을! 금호강 굽이쳐 흐르고
벼 이삭 배부르게 늘어져 섰는
이 벌판 한가운데 주저앉아서
두 볼이 비자웁게* 해 같은 능금을 나는 먹는다.

추계 ●

● 목거지: 놀이나 잔치.
● 비자읍게: 비좁게.

● 秋季

가을 수제(數題)

채만식, 『혜성』, 1931. 10.

초추(初秋)의 촉감(觸感)

굵은 명주에 가는 명주올이 곱게 박히듯이 입추야 처서야…… 하여도 아직은 주인인 더위 사이로 가을의 잔발이 완연히 섞여든다. 철이란 속일 수 없다.

새벽녘 싸늘한 기운이 단잠을 속삭이듯이 깨워놓는다. 달이 밤새껏 구름밭을 갈다가 지친 듯이 서녘으로 기울어지고 소스라치게 우는 벌레소리가 이슬비같이 퍼붓는다.

여름에도 우는 벌레소리가 어쩌면 가을밤에만 귀에 들릴꼬!

발치로 밀어젖힌 이불자락에 저절로 손이 가진다. 그리고 따뜻한 곳 따뜻한 '마음'이 뼈에 스미도록 그리워지다

차라리 전원(田園)이었으면……

가을을 놀지도 못하는 서울의 가을은 싸늘한 센티멘탈일 뿐이다.

전원(田園)의 가을─옛일기에서

낮으나마 고개를 넘느라니 등에 땀이 밴다. 덩굴 시든 원두밭과 쓰러져가는 원두막의 폐허가 참외당

◆ 秋季

(薰)에게는 로마의 고성이나 바빌론탑 이상으로 섭섭다. 원두막 밑에 갓 돋은 참외순의 철이 없음이여!

초부*가 풋나무를 메고 지나간 자취에서 무르녹은 풀냄새가 무긋이 스며오른다.

밭두덩에서 장난꾼 아이들이 콩을 굽느라고 연기를 피운다.

산을 등진 작은 마을.

짹짹 하며 참새떼가 시절을 만난 듯이 날아다닌다.

마을 앞 새막에서 철 아니 난 소녀가 기를 쓰고 소리쳐 새를 날린다.

지붕에는 새빨간 다홍 고추가 널리고 울안에 섰는 늙은 감나무에는 볼 붉은 감이 주렁주렁 탐스럽게 매달리었다.

찾아간 친구의 점심 대접이 극진하다.

희다 못하여 푸른기가 돋는 서리쌀(풋쌀)에 푸른 콩을 놓은 밥, 된장찌개에서 나는 솔버섯의 향내, 연한 풋배추를 다홍 고추로 이겨 담은 김치 그리고 삶은 영계에 코를 쏘는 소주.

뜰 앞에 가을 국화순이 우북이 자랗고 빨랫줄에 제비가 한 쌍 심란스레 앉아 지저귀지도 아니한다.

멀리서 농악소리가 감감히 들린다.

추계*

* 초부: 나무꾼.

● 秋季

감나무에 단풍 드는 전남(全南)의 9월

김영랑, 『조광』, 1938. 9.

추계 ●

　이봐요, 저 감이 이 하루 이틀 아주 골이 붉었구료. 아직 큰 바람이 일지는 않겠지요. 참, 그보다도 저 감잎 물든 것 좀 보아요. 밤중에 들었는가, 새벽녘에 들었을까.

　이번은 그 첫물 드는 꼭 그 시간을 안 놓치고 보리라 했더니 올해도 또 놓쳤구료. 감잎은 퍽은 물들기가 좋은가 보아, 그러기에 보리라 보리라 벼르는 내 눈을 기어이 속이고 어느 틈에 살짝 물이 들었지. 그 옆에 동백나무는 사시 푸르고만 있잖은가. 만일 동백이란 열매라도 맺지 않는다면 저 나무는 참으로 이 가을철을 모르는 싱거운 나무지요. 아닙니다, 아닙니다. 사시 애가 없이 푸르청청하고 있대서 싱겁달 나무는 아닙니다. 그 동백이 바로 그저께부터 십자로 쫙쫙 벌어지지 않았습니까. 그 두꺼운 푸른 껍질이 쫙 벌어지면 까만 알맹이 동백이 토르륵 하고 빠져 쏟아지는데 풀 위에 꿈을 맺는 이슬같이 구르지요. 달밤에 감이 툭툭 떨어져선 깨쳐지는 이슬이 빛나는 것도 좋지마는 동백 한 알이 토록하고 빠지는데 그이는 고개를 슬쩍 들고 그 서슬에 나는 흘긋 건너다보고 그 밤은 무던히 좋은 꿈을 꾸며 자는 적이 많습니다.

　그 불타는 꽃의 정열에 비기어 그 알이 하나 빠지는 것은 어찌 그렇게도 고담(枯淡)한가! 하늘에 별

● 秋季

이 포감포감 박혔듯이 새빨간 꽃이 포기포기 그 싯푸른 잎새마다 하나씩 맞물고 맞물리우고 있지 않았는가. 동백잎같이 진하게 빨간 꽃은 없습니다. 동백나무를 어느 누가 화초로 가상타 하여 가꿀까요.

내 마음과 뜻이 자꾸자꾸 퇴색하여 가는 때 다시 물들여 주고 되살려 주는 내 생명의 나무인 것을. 그 동백이 까만 껍질에 싸인 씨가 있고 그 놀미한* 씨를 짜면은 기름입니다. 그 기름이 그이의 검은 머리칼을 윤내어 주는 줄은 알지마는 과연 귀여운 요새 여인네들이 바르시는지는 모를 일입니다. 동백잎과 꽃에 그리도 많이 길러 온 내 마음이 그 잎과 꽃의 정열보다도 그 알의 고요히 빠지는 정숙을 이다지도 좋아해졌을까 스스로 의심스럽소.

달이 밝고 바람은 살래살래 흘러드는 서늘한 9월 밤이요, 마루간에 가끔 한 마리씩 쫓기어 드는 모기를 날리면서 핼쑥해져 가는 구름이나 바라고 앉았노라면 밤도 깊습니다. 동백은 바로 풀 위의 이슬 위에 받습니다. 톡, 토륵, 토르륵, 셋이 빠진 듯하면 좀 사이를 둡니다. 다른 놈이 또 빠질 그 사이가 좀 떨어지는 것이 오히려 더 신통하오. 일어서서 안 나아갈 수 없나이다.

달빛이 회고 이슬이 빛나는데 토륵하고 빠지는 동백 한 알, 천지의 오묘하고 신비함이 이 밤 그 나무

그늘 밑에 있는 듯싶습니다. 나는 눈이 어둡지 않아 이렇게 좋을 데가 없소이다. 귀가 막히지 않아 이리 복 될 데가 없습니다. 나는 내 고향이 동백이 클 수 있는 남방임을 감사하나이다. 잎과 꽃의 그 봄이 시들었음이 아니로되, 동백 한 알이 빠져 이 긴 밤의 이리 고요하고 느껴움은 이 철 9월이 주는 은혜외다.

어리석은 나이는 자꾸 늘어 슬픈 일도 되오마는 그 나이를 안 먹고 있으면 보다 더 슬픈 일이지요. 막연하게나마 인생의 깊숙한 맛은 나이가 먹어가야만 정말 맛볼 것만 같소이다. 차차 봄을 떠나는 맛이요, 웃옷 벗고 푸대님으로 거니는 맛이요, 말없이 마루간에 혼자 앉았는 맛이지요.

9월에 감이나 동백만이 열매이오니까, 오곡백과지요. 뜰 앞에 은행나무는 우리 부자가 땅을 파고 심은 지 17, 8년인데 한 아름이나 되어야만 은행을 볼 줄 알고 기다리지도 않고 있었더니 천만의외로 여름에 열매를 맺었소이다. 몸피야 뼘으로 셋하고 반, 그리 크쟎은 나무요. 열매라야 은행 세 알인데 전 가족이 이렇게 기쁠 때가 없소이다. 의논성이 그리 자자하지 못한 아버지와 아들이라 서로 맞대고 기쁜 체는 않지만 아버지도 기뻐합니다. 아들도 기뻐합니다. 엄마가 계셨다면 고놈 세 알을 큰 섬에 넣어 가지고 머슴들을 불러대어 가장 무거운 듯이

● 秋季

왼 마당을 끌고 다니셨을 것을. 봄에 은행잎은 송아지 첫 뿔나듯이 뾰족하니 돋기 시작하여 차차 나팔같이 벌어지고, 한여름은 동백잎에 못지 않게 강렬히도 태양에게 도전하고, 이 가을 들어선 바람 한 번에 푸름이 가시고 바람 한 번에 온통 노래지고 바람 한 번에 아주 흩어지는데 다른 단풍 같지 않고 순전히 노란빛이 한 잎, 두 잎 맑은 허공을 나는 것은 어떻다 말씀할 수 없습니다. 노령이신 아버지라 말씀이 없고 괴벽인 아들이라 말이 없고 50생남●쯤 되는 이 열매를 처음 보고도 서로가 은연히 기뻐할 뿐이외다.

 어린 놈이 "그 은행 익으면 조부님 젯상에 놓을래요." 하는 데는 파흥(破興)● 아니할 수 없나이다. 이 아침에 동백이 또 토록하고 빠지는 통에 내 맨발로 또 금빛 이슬을 깨칩니다. 청명을 들이마시며 거닙니다. 시―실―호―호르르르르― 저 대삽(숲)● 속에서는 호반새가 웁니다. 벽안흑모(碧眼黑毛) 긴 꼬리를 달고 날면 그림자만 알릉거리는 것 같은 호반새 종다리 소리 같고도, 더 맑은 꾀꼬리 소리 같고도, 더 점잖은 가락은 요새 아침마다 연약한 벌레 소리를 누르고 단연 하이든의 안단테 칸타빌레를 노래합니다. 아침마다 참새들은 집에 붙어 있질 않습니다. 고놈들의 넓은 목장이 있는 탓입니다.

추계 ●

후여후여 까까―후여 새를 몰고 쫓는 소리올시다. 어떤 때는 예사로 멋도 있게 들리는 후여까까, 그 애들의 헐벗은 옷이 축축 늘어진 벼이삭과 함께 아침 이슬에 후줄근히 젖었을 것입니다. 나락을 심어 먹기 시작한 때부터의 이 후여까까 소리, 만리 이역을 가시더라도 이 가을 아침이 되면 귀에 익어 쟁맹● 할 그 소리는 우리들의 살 속 깊이 스며든 지 벌써 오랜 옛날이외다. 대삽에서 우렁찬 바람이 터져나옵니다. 지용의 '청대나무'입니다. 대에 나무를 붙여서 읊는 지용은 용하게도 동백을 춘(椿)나무라 읊습니다. 대나무의 고장인 이곳에선 삼척동자라도 대지, 대나무는 아니합니다. 그 대밭이 하도 많이 큰 게 있어서 한 동리의 한 촌락을 흔히 에워싸고 있습니다. 그 대밭을 대삽이라 부르지요. 죽순이 송아지 뿔나듯이 나오면 한 자 자랄 녘에 끊어서 나물을 만들어 먹는데 그 맛이 천하일품, 그리하여 평양서는 굳은 큰 대를 잘라서 삶는다는가 봅니다. "이른봄 3월이니 남도에는 죽순이 났겠다"고 하신 시인이 계신 듯하나 죽순은 6월 초에야 지각을 뚫고 나옵니다. 그놈이 죽순일 때에 다 커버리고 2년이 되면 다 굳어버리어 설풍을 이겨냅니다. 「눈 맞아 휘어진 대의」시조가 생긴 탓입니다. 9월 중추 명월 이 곳 남녀 젊은이의 성사(盛事)는 〈강강수월래〉의 원무회와 장정

● 秋季

들 씨름판이외다.

　부녀의 원무회는 새벽 한시경이면 헤어지지마는 시새워서들 성장을 꾸미고 출회하던 양이 볼 만하고 장정들의 씨름판은 밤을 새우고 동천강(東天江)●이 되더라도 좀처럼 끝나지를 않습니다. 대개는 5, 6일쯤 같은 기간을 두고 농촌 장정 부녀는 연중 가장 유쾌합니다. 그도 그럴 일이지요. 오곡이 다 익었거든요. 명월은 그렇듯이 젊음을 꾀어낼 만하거든요. 아무튼 이 두 행사는 이곳의 아름다운 정조(情調)를 가장 많이 가지고 있습니다.

　자! 9월도 늦어갑니다.

　마루 끝의 발을 걷어치웁시다.

　도시 말로 하이킹을 나서 볼까, 정병 5, 6인 손끝에 날랜 대창을 지녔소. 곧 산에 오르는 스틱이요, 밤 까는 창이외다. 배낭에 술을 넣을 것은 없습니다. 산중에라도 술잔이나 주는 사람이 없을라구요. 술잔이나 마시면 익혀논 육자배기●가 가을 하늘에 높이 뜹니다.

　평지에서 바라다보아도 그 톱니 같은 산봉우리들, 발밑이 간지러운 월출산(月出山)은 단풍의 불타는 골짜기로 쌓였고 그 천왕봉(天王峰)·구정봉(九鼎峰)에서는 논 문서를 올려다가 자식들 불러 나눠주고 천만대손손 막등월 출산(千萬代孫孫 莫登月 出山)●

하라고 유언하신 군자가 계신 만큼 험한 곳이지요. 윤고산(尹孤山)은 월출산(月出山) 시조로 무던히 사랑했던 곳이요, 그 산뿌저리*에 무위사(無爲寺) 있고, 오도자(吳道子)의 벽화가 절품입니다. 정다산(丁茶山)이 계시던 백련사(百蓮寺)는 남쪽 구강 위에 우뚝 솟은 선경이요, 죽도(竹島) 앞에 매일 배타고 일월을 보낸 다산(茶山)의 늠름한 풍모를 그려 볼 수 있나이다. 고래 수백 년이 강물 위를 배타고 적소 참하신 한 많은 선비, 얼마나 많았을까. 남병사영(南兵使營)이던 병영 평야에 경병사병의 조련소리도 그치고 그 뒤 수인산성(修仁山城)도 가을 단풍만 곱습니다. 소속을 장흥(長興)과 다루는 동남의 천관산에 흰 수건 쓴 호랑이 백주에 돌아다니시고 그 산 밑에 청자기 굽던 자리가 있습니다. 과학자들이 그 산 흙을 더러 가지러 오고 채굴 이상 금도 성행하오. 골의 주봉 보은산 우두봉(牛頭峰)에 가을의 정기인 듯 쫙 깔린 산국화를 깔고 앉아 사면을 굽어보면 일폭 산수도에 들어앉은 선인이요, 구강이 하얗게 흘러흘러 제주에 이름을 봅니다. 그대로 외줄기 봉을 타고 백두산 상봉까지 삼천리 기어오를 것 같소이다.

강진(康津)·해남(海南)을 아실 이가 드물지요. 경원(鏡源)·종성(鐘城)을 잘 모르듯이. 그러나 거기서 여기가 꼭 삼천리, 쩔웁고 좁아서 우리의 한이 생겼

●秋季

는 것을 더러 서울 친구들은 지도를 펴놓고 멀다멀다 오기를 무서워하나이다. 고향살이 십여 년, 옛날의 사향가(思鄕歌)*·회향병(懷鄕病)*은 찾을 수 없소. 오히려 멀리 타향 가 계시는 죽마고우가 그리워지고 그리하여 등산대원이 차차 줄어드는 세상이 되고 보니 고향이랬자 쓸쓸할 뿐이외다.

　올해도 강강수월래 씨름판을 못 설 겝니다. 이 가을도 쓸쓸하지요.

- 놀미한: 보기 좋을 만큼 알맞게 노르스름한.
- 50생남: 50세에 아들을 얻은 것과 같이 몹시 기뻐함.
- 파흥(破興): 흥이 깨어짐.
- 대샆: 대나무로 이루어진 숲.
- 쟁맹: 앞다투어 소리냄.
- 동천강(東天江): 일출 녘.
- 육자배기: 남도 지방에서 부르는 잡가(雜歌)의 하나.
- 천만대손손 막등월 출산(千萬代孫孫 莫登月 出山): 후손에게 산을 떠날 것을 당부함.
- 산뿌저리: 산기슭.
- 사향가(思鄕歌): 먼 곳으로 시집간 여인이 친정 어버이를 그리워하며 부른 노래.
- 회향병(懷鄕病): 고향을 몹시 그리워하는 심정을 병에 비유하여 이르는 말.

● 秋季

단상(斷想)의 가을

이효석, 『동아일보』, 1933. 9. 20.

책상 위의 원고지가 서가 위의 설백석고(雪白石膏)*의 소녀상같이 희고 초콜릿 빛 파이프의 골동이 고귀한 고대의 도기같이 윤택하게 빛나고 ― 이것이야 반드시 가을의 탓이 아니라 할지라도 소탁식분(小卓植盆)*의 아스파라거스 잎새가 병든 것같이 여위었음은 ― 이것은 바로 가을의 탓이 아닐까.

　요리 접시에 오르는 민출한 아스파라거스의 줄거리와는 전연 이종족(異種族)같이 이 분재의 것의 대와 잎새는 왜 이리도 애잔하고 섬세하고 사치한가. 마치 병욕(病褥)*위에 누운 여인(麗人)의 자태와도 같다.

　성래(性來)*의 바람도 그러하거니와 가을의 의상이 또한 그러한 인상을 입히는 것이 아닐까. 더구나 분(盆) 안에 깔아 놓은 하아얀 조개껍질 ― 이것도 이제는 싸늘한 철늦은 감각을 줄 뿐이다. 방안에 있으면서 바다의 음향을 들으려고 여름 해변에서 주워 온 조개껍질 ― 이제는 그만 펀뜻* 계절의 부채를 닫혀 주었으면 하는 느낌을 준다. 바다는 여름의 것이지 가을의 바다는 아무래도 철지나서 썰렁하다. 나의 귀의 모양이 조개껍질과 같은 까닭으로가 아니라 바다가 가까운 까닭으로 방안에 앉아 있어도 처량한 음향이 쉴새없이 들려 온다. 그 음향이 모르는 결에 가을을 실어 온 것이다.

● 秋季

　해바라기, 금연화, 금전화, 카카리아, 석죽, 로탄제, 백일홍, 금어초, 비연초, 시차초, 캘리포니아 포피, 봉선화, 분꽃, 애스터, 채송화, 들국화, 만수국, 칸나, 글라디올러스, 달리아, 샐비어, 코스모스……

　수첩에 적혀 있는 가을 화초의 가지가지. 칸나와 글라디올러스의 농염한 진홍의 열정보다도 역시 카카리아, 금어초, 비연초, 애스터, 샐비어의 아담한 자태가 가을 성격에 더 잘 맞는 것이 아닐까. 그러나 그것보다도 더 아름다운 가을 화초는 싸리나무(萩) 꽃일 것이다. 깨끗하고 초초한 풍채 그대로가 바로 맑은 가을의 상징이 아닐까.

　거리의 구석에 백화(白樺)●로 토막집을 짓고 주위에 싸리나무를 그득히 심어 보았으면 ― 가을 공상의 하나.

　의자를 들고 마루에 나가니 이웃집 능금나무가 눈앞에 가깝다. 짙은 청지(靑地)에 붉은 별을 무수히 뿌려 놓은 페르시아 자수와도 같은 능금나무 ― 5월에 꽃필 때의 인상과는 전연 달라 고대적 이국적 느낌을 줌은 무슨 까닭인고.

　"아홉 해 동안의 무료한 세월을 능금꽃을 바라보며 자식의 돌아오기를 기다렸다……" 운운의 워즈 워드의 문학에는 친밀감을 느끼면서 열매 맺은

이웃집 능금나무에 도리어 고색적 이국감을 느낌은 대체 무슨 까닭인가. 능금의 열매, 그것이 인류 최고의 불후의 고전이기 때문일까.

들 옆 포도시렁에는 포도송이가 익을 새 없이 아이들이 쥐어뜯어 가서 지금에는 이지러진 검은 송이가 덩굴 밑에 군데군데 들여다보일 뿐이다. 포도라니 재작년의 가을이 생각난다. 지금에는 없는 고인과 서너 너덧 사람 작반*하여 성북동의 포도원을 찾았을 때의 가을 — 날도 아름다웠고 마라카라든지 무엇이라든지 포도의 미각도 잊을 수 없거니와 마음도 즐겁더니. 지금에는 고인의 그림자조차 없다. 모든 정서와 비밀을 품은 채 그는 가만히 가버린 것이다. 비밀이라면 땅속에 파묻혀 영원히 사라져버리는 비밀도 많은 것 같다. 포도의 씨가 땅에 떨어져 다시 싹이 나는 것과는 뜻이 다르다. 성북동의 가을 — 추억의 보금자리.

가을이 왔다고 산에 오르고 들에 나가지 않고도 방안에 앉아서 생각하는 가을이 더 절심함은 무슨 까닭인고. 현실의 가을보다도 관념의 가을이 월등히 감동적임은 무슨 까닭인고.

자유로운 꿈의 날개가 상념의 세상을 비상하는 외에 일간·월간의 간행물이 가을을 전하여 주고 화

● 秋季

집의 페이지가 환상을 그려 준다. 그 위에 베를레느의 비올롱 아닌 육현금의 판당고의 줄을 옆에서 누가 뜯어나 주면 ― 자신이 뜯는 것보다도 무기교의 것이나마 남이 뜯는 것을 들음이 한층 더 아름답다 ― 최상급의 가을의 정서가 네 쪽의 벽으로 막힌 공간 안에 넘쳐흐르는 것이다. 아코디언 ― 부드러운 음률을 가지면서도 가을 악기로는 요란하다. 벽장 속에 간수하였다가 겨울에나 집어내지.

서울 갔던 길에 낟 채로 사온 한 파운드의 모카가 아직도 통속에 아니 남은 것이 속 든든히 생각된다. 파아코레터*를 사용하니 넣은 가루의 분량만 아끼지 않으면 가배(珈琲)*의 진미가 조금도 상하지 않는다. 우유도 목장에서 신선한 것이 온다. 가배에 관한 한 서울의 끽다점(喫茶店)*을 부러워하지 아니하고도 지낼 수 있으니 이 역 가을의 기쁨의 하나.

―― 치성(雉城)*에서

* 설백석고(雪白石膏): 눈의 빛깔과 같이 하얀 석고.
* 소탁식분(小卓植盆): 작은 상 위의 화분.
* 병욕(病褥): 병자(病者)가 앓아 누워 있는 자리.
* 성래(性來): 본디의 성질.
* 펀뜻: 언뜻.
* 백화(白樺): 자작나무.
* 작반: 동행자나 동무로 삼음.
* 파아코레터: 커피 여과기.
* 가배(珈琲): 커피.
* 끽다점(喫茶店): 찻집.
* 치성(雉城): 함경북도 경성(鏡城)의 옛 이름.

● 秋季

가을밤

박아지, 『시건설』 제2집, 1937. 9.

추계

희미한 등불 아래 묵연히 앉었으니
지는 잎이 창문을 스치며 --바스락--
그건 확실히 가을의 노크였오.

그는 나를 불러내고야 말았오.

논둑길에 가로 빗긴 갈대 그림자
가는 바람에 흐느적거리며 --스르릉--
나는 가만 따라오는 그의 발자취를 들었오.

높고 맑은 하늘에는 서릿발만 어리었고
아득한 지평선 저-쪽 수풀 위엔 조각달이 걸리었오.

멀리 들 건너 포푸라* 속에 잠든 마을
조는 듯 깜빡거리는 두어 개의 등불

가을 고요한 밤!
그는 형용을 잊어버린 한 폭의 아름다운 그림이오.

---

* 포푸라: 버드나무과 사시나무속에 속하는 식물의 총칭.

● 秋季

산채(山菜)

채만식, 『매일신보』, 1939. 9. 9.

점심 후 전야(前夜)의 철야한 피로에 오수*를 탐하고 있느라니까 아랫동네의 이군이 찾아왔다. 요전날 만났을 제 뒷산으로 도라지를 캐러 가쟀던 약속을 잊어버리지 않았음이다.

신발을 글매고 손에는 소형 스코프로 된 원예용의 이식기(移植器)를 들고…… 이군은 이렇게 무장(武裝)을(기실 경장(輕裝)을) 한 맵시로 앞을 섰다.

막대 하나를 끌고 그 뒤를 따르던 나는 채비가 너무 허술함을 깨닫고 마침 근처에서 병정잡기를 하고 노는 팔세동(八歲童) 조카를 시켜 바구니와 호미를 가져오게 했다. 했더니 도령이 또 하나 제 동무를 데리고 참가를 해서 일행은 도통 네 명이요, 동자들은 병정잡기를 하던 무장(武裝) 그대로라 허리에는 목도(木刀)가 위엄스럽고 산도라지를 캐러 간다기보다도 정히 산도야지*나 사냥하러 가지 않나 싶은 진용이 되고 말았다.

봄으로 여름으로 매일같이 산책을 하러 가던 율림(栗林)*은 그새 두어 주일 일에 몰려 못 본 동안에 풀들이 벌써 가을풀답게 향그럽고, 밤송이도 제법 많이 굵었다.

그리 드세게 울던 매미소리도 그쳐 조용하고, 원두밭은 참외 넌출*을 말끔 뽑아 새로 갈아논 고랑엔 콩포기만 띄엄띄엄 남았는데, 밭두덩에서는 빈 원

● 秋季

두막이 하마 쓰러져가고……누가 시킨 바 아니건만 철은 바야흐로 가을다운 한 가닥의 폐허가 깃들기 시작한다.

산도라지는 다른 사람네가 아마 나보다도 미각이 더 날쌔고 예민했던지 여름에는 그리 많던 것이 죄다 어디로 가고 보이지 않았다.

이군은 그러나 '게륵이'라는 대용품(!)을 발견해서 우리는 실망을 하지 말아도 좋았다.

'게륵이'는 꽃만 산도라지보다 약간 다르지 잎사귀랄지 대랄지 그리고 캐서 볼라치면 그 뿌리랄지는 언뜻 산도라지와 분간하기 어려울 만큼 근사했다.

그런데다가 이군의 설명을 들으면 맛은 산도라지보다 나으면 나았지 못하진 않다는 것이다.

하고보니 대용품 치고는 도야지 가죽으로 만든 구두보다도 '스프'가 섞인 광목보다도 착실히 어른인 셈이다.

그럭저럭 간 것이 '느랑꼴'까지 넘어갔다가 골짜구니의 맑은 샘물에 때마침 심했던 갈증을 씻고 나니 몸의 피로가 더럭 더 전신에 쏟아지는 것 같아 캔 산채는 바구니의 밑바닥도 겨우 가리지 못했는데 웬만큼 발길을 돌이키기로 했다.

대추나무에 몽실몽실 이쁘게 생긴 대추가 많이 열렸다.

문득 대추가 볼이 볼긋볼긋 붉는 추석의 고향이 생각났다.

가난한 한 필의 선산 밑에는 감나무가 여덟 주씩 두 줄로 섰고, 솔밭 사이 사이로 밤나무가 흔하고 그리고 대추나무가 있고 하다.

추석이면 감과 대추가 서로 겨루듯 볼이 붉고 밤은 송이가 벌어진다.

우리 고장에는 추석에 성묘를 다닌다. 칠팔 세 그 무렵, 시방 내 앞을 서서 가고 있는 팔세동 저놈만해서부터 나는 추석날이면 곱게 새 옷을 갈아 입고 그때는 아직도 기운이 좋으시던 가친* 사형들을 따라서 이 선산으로 성묘를 다니곤 했다.

시방도 잊히지 않는 그때의 감 밤 대추 등속*의 맛……

이런 이야기를 하고 나니까 이군이 웃으면서 이번에 참 효석(孝石)의 「향수(鄕愁)」를 읽었더니 그 비슷한 이야기더라고 한다.

저녁 밥상엔 벌써 내가 캐온(실상은 이군이 캐준) 산채가 한 접시 올랐다.

맛이 달다더니 산도라지가 얼마큼 섞였음인지 역시 쌉싸름했다.

옛사람은 산채에 맛들이니 세미(世味)를 잊을 노라 했는데, 산채를 먹으면서도 세미를 잊지 못하

● 秋季

는 내 생활은 이 산채의 맛처럼 쓴 것이니…… 하면 서 마침 양이 찬 술을 놓았다.

- 오수: 낮잠.
- 산도야지: '산돼지'의 방언(경북).
- 율림(栗林): 밤나무 숲.
- 넌출: 길게 뻗어 나가 늘어진 식물의 줄기.
- 스프: 인조 섬유를 짧게 잘라 양털이나 솜과 같은 모양으로 정제(精製)·방사(紡絲)한 섬유.
- 가친: 남에게 자기 아버지를 높여 이르는 말.
- 등속: 나열한 사물과 같은 종류의 것들을 몰아서 이르는 말.

● 秋季

내 집의 화분

이효석, 『조광』, 1938. 1.

집 한 채를 온 채로 빌려 가지고 있을 때에는 뜰에 나무도 있고 꽃포기도 흥성하던 것이 하숙생활을 하면서부터 초목이 그립기 짝이 없다. 가끔 시외에 나갈 때 물든 가을 수목이 어찌도 아름다운지 아이다운 감격을 느낀다.

집을 가졌을 때는 화분이 필요조차 없이 겨울이면 백화점에서 꽃을 사다 화병에 꽂으면 그만이던 것이 요사이는 경우가 조금 다르다. 요행 하숙 노파가 국화 한 화분을 사서 하필 내 방 책상 위에 놓아 준 것이 얼마나 고마운지 모른다. 총총한 대륜(大輪)*의 흰 국화가 방 안 일맥의 향기를 부어 준다. 시골서 온 과실을 나눠 주고 한 호의에 대한 갚음인 듯하나, 어떻든 노파의 유다른 고마운 뜻과 함께 그 국화분을 나는 그지없이 사랑한다.

---

* 대륜(大輪): 꽃 따위의 송이가 큰 것.

● 秋季

낙엽기(落葉記)

이효석, 『백광』 1호, 1937. 1.

창 기슭에 붉게 물든 담장이 잎새와 푸른 하늘 — 가을의 가장 아름다운 이 한 폭도 비늘구름같이 자취 없이 사라져 버렸다. 가장 먼저 가을을 자랑하던 창밖의 한 포기의 벚나무는 또한 가장 먼저 가을을 내버리고 앙클한 휘추리*만을 남겼다. 아름다운 것이 다 지나가 버린 — 늦가을은 추잡하고 한산하기 짝없다.

담장이로 폭 씌워졌던 집도 초목으로 가득 덮였던 뜰도 모르는 결에 참혹하게도 옷을 벗기어 버리고 앙상한 해골만을 드러내 놓게 되었다. 아름다운 꿈의 채색을 여지없이 잃어버렸다. 벽에는 시들어 버린 넝쿨이 거미줄같이 얼기설기 얽혔고 마른 머루송이 같은 열매가 함빡 맺혔을 뿐이다. 흙 한줌 찾아볼 수 없이 푸르던 뜰에서는 지금에는 푸른빛을 찾을 수 없게 되었다.

나는 거의 날마다 뜰의 낙엽을 긁어야 된다. 아무리 공들여 긁어모아도 다음날에는 새 낙엽이 다시 즐비하게 늘어져 거듭 각지*를 들지 않으면 안된다. 낙엽이란 세상의 인종같이도 흔한 것이다. 밑 빠진 독에 물을 기르듯 며칠이든지 헛노릇으로 여기면서도 공들여 긁어 모은다. 벚나무 아래 수북이 쌓아 놓고 불을 붙이면 속으로부터 푸슥푸슥하면서 푸른 연기가 모로 길게 솟아오른다. 연기는 바람 없는 뜰에 아늑히 차서 물같이 고인다. 낙엽 연기에는 진한 커피의 향기가 있다. 잘 익은 깨금*의 맛이 있다. 나는 그 귀한 연기를 가장껏 마신다. 욱신한 향기가 몸의 구석구석에 배여서 깊은 산속에 들어갔을 때와도 같은 풍준한 만족을 느낀다. 낙엽의 연기는 시절의 진미요 가을의 마지막 선물이다.

화단의 뒷자리를 깊게 파고 타버린 낙엽의 재를 묻어버림으로서 가을은 완전히 끝난 듯싶으다. 뜰에는 벌써 휘추리만의 나무들이 섰고 엉성굿한 포도시렁이 남았고 담장이 넝쿨이 서리었고 국화포기의 줄거리가 솟았고 잡초의 시들어버린 양이 있을 뿐이니 말이다. 잎새에 가리웠던 둥근 유리창이 달덩이같이 드러나고 현관 앞에 편 조약돌이 지저분하게 흩어졌으니 말이다.

낙엽을 장사지내고 가을을 보내니 별안간 생활이 없어진 것도 같고 새 생활이 와야 할 것도 같은 느낌이 생겼다. 적어도 꿈이 가고 생활의 때가 온 듯하다. 나는 꿈을 대신한 생활의 풍만을 위하여 생각하고 설계하여야 한다. 가령 나는 아내를 대신하여 거의 사흘도리*로 목욕물을 데우게 되었다. 손수 수도에 호스를 대서 물을 가득 길어 붓고는 아궁에 불을 넣는다. 음산한 바람으로 아궁이 몹시 낸다. 나는 그 연기를 괴로워 여기지 않는다. 눈물을 흘릴 지경이요 숨이 막히면서도 연기의 웅덩이 속에서 정성껏 나무를 지피고 불을 쑤시고 목욕간의 창을 열어 연기를 뽑고 여러 차례나 물을 저어 온도를 맞추고 하면서 그 쓸데없는 행동 ― 적어도 책상에 맞붙어 책을 읽고 글줄을 쓰는 것보다는 비생산적이요 소비적이라고 늘 생각하여 오던 그 행동을 도리어 귀히 여기게 되고 나날의 생활을 꾸며 가는 그런 행동이야말로 가장 생산적이요 창조적의 것이라고까지 생각하게 되었다.

정리되지 못한 가달가달의 생각을 머릿속에 잡아넣고 살을 깎을 정도로 애쓰고 궁싯거리면서 생활 일에 단 한 시간 허비하기조차 아깝게 여기고 싫어하던 것이 생활에 관한 그런 사소한 잡일을 도리어 귀중히 알게 된 것은 도시 시절의 탓일까. 어두운 아궁 속에서 새빨갛게 타는 불을 보고 목욕통에서 무럭무럭 오르는 김을 바라보며 나는 이것이 생활이다. 이것이 책보다도 원고보다도 더 귀한 일이다. 이것을 귀히 여김이 반드시 필부의 옹졸한 짓은 아닐 것이며, 생활을 업신여기는 곳에 필부 이상으로 뛰어날 아무 이유도 없는 것이다 ― 하고 두서없는 긴 생각에 잠겨도 본다. 이윽고 더운물 속에 몸을 잠그고 창으로 날러 들어와 물 위에 뜬 마지막 낙엽을 두 손으로 건져내고 안개같이 깊은 무더운 김 속에

● 秋季

몸과 마음을 푸근히 녹일 때 이 생각은 더욱 절실히 육체 속에 사무쳐 든다. 거리의 백화점에 들어가 그 자리에서 커피를 갈아서 손가방 속에 넣고 그 욱신한 향기를 즐기면서 집으로 돌아오는 것도 물론 이러한 생각으로부터이다. 진한 차를 탁자 위에 놓고 피어오르는 김을 바라보며 나는 그 넓은 냉방에다 난로를 피우고 침대 속에는 더운 물통을 넣고 한겨울 동안을 지내게 할까 어쩔까 그리고 겨울에는 뒷산을 이용하여 스키를 시작하여 볼까 어쩔까 하고 겨울설계를 세워도 본다. 크리스마스에는 올해도 또 크리스마스 트리를 세우기를 아내와 의론한다. 시절이 여위어 갈수록 꿈이 멀어 갈수록 생활의 의욕이 두터워짐일까. 생활 생활. 초목 없는 푸른빛 없어진 먼숭하게 된 집 속에서 나는 하루의 전부를 생활의 생각으로 지내게 되었다. 시절에 대한 반감에서 나온 것일까. 심술궂은 결머리●에서 나온 것일까.

푸른 시절은 일종의 신비였다. 푸른 초목에 싸인 푸른 집 속에서 머릿속에 떠오른 제목은 반드시 생활이 아니었다. 그날그날은 토막토막의 흐트러진 생활의 조각이 아니오 물같이 흐른 꿈결이었다.

푸른 널을 비스듬히 달고 가는 모기둥으로 고인 갸우뚱한 현관 차양에도 담장이가 함빡 피어올라 이른 아침이면 넓은 잎에 맺힌 흔한 이슬방울이 서

추계 ●

리서리 모여 아랫잎 위로 뚝뚝 떨어지는 소리를 듣기란 산골짝 물소리를 듣는 것과도 같아서 금시에 시원한 산의 영기를 느끼게 되었다. 머루 다래의 넝쿨 대신에 드레드레 열매 맺힌 포도넝쿨이 있고 바람에 포르르르 나부끼는 사시나무 대신에는 비슷한 잎새를 가진 대추나무가 있다. 뜰은 그림자 깊은 지름길만을 남겨 놓고는 흙 한 줌 보이지 않게 일면 화초에 덮이었다. 장미, 글라디올러스, 해바라기, 촉규화, 맨드라미, 반금초, 금전화, 제비초, 만수국, 프록스, 달리아, 봉선화, 양귀비, 채송화의 꽃밭이 소나무, 벚나무, 버드나무, 황양목, 앵도나무, 대추나무, 능금나무, 배나무의 모든 나무와 어울려 뜰은 채색과 광채와 그림자의 화려한 동산이었다.

 유리창에까지 나무 그림자가 깊고 방안에까지 지천으로 푸른빛이 흘러 들었다. 화단에는 나비와 벌이 날아들고 풀숲에는 가을 벌레들이 일찍부터 울기 시작하였다. 나뭇가지에는 새들이 몰려오고 집에는 진귀한 손님이 왔다. 아름다운 것은 진실로 비늘구름과 같이도 쉽게 지나가 버렸다. 나뭇잎이 가고 푸른빛이 없어지고 그늘이 꺼져 버렸다. 지금에는 벌써 벌레 울지 않고 나비 날지 않고 헐벗은 나뭇가지에는 새들도 드물게 앉게 되었다. 지난 시절의 기억이 머릿속에 아리숭하게 멀어졌다. 꿈이 지

● 秋季

나고 생활의 때가 왔다. 손수 목욕물을 끓이고 차를 마시게 되었다.

그러나 나머지의 향기라는 것이 있다. 파도의 물결이 길게 주름잡혀가듯이 꺼진 음악의 멜로디가 오래도록 귀에 울려오듯이 푸른 집과 푸른 뜰의 향기가 아련하게 남아서 흘러 온다.

헌칠하고 쓸쓸한 뜰에서 한 떨기의 푸른 것을 발견한 것을 나는 더없이 신기하고 아름답게 여겼다. 꿈의 찌꺼기이므로 꿈보다 한결 더 귀하게 여겨짐인지도 모른다. 화단 한구석에 남은 푸른 클로버의 한 줌을 말함이 아니오. 현관 양편 기둥에 의지하여 창 기슭으로 피어올라간 두 포기의 줄기장미를 나는 의미한다. 단 줄의 장미이던 것이 어느결에 자랐는지 낙지다리같이 가달가달 솟아올라 제법 풍성한 한 포기를 이루었다. 민출한 푸른 줄기에 마디마다 조그만 생생한 잎새를 달고 추위와 서리에도 상하는 법 없이 장하게 뻗어 올랐다. 신선한 야채에서 오는 식욕을 느끼며 잘강잘강 먹고 싶은 충동을 금할 수 없다. 창 기슭으로 올라와 창에 어리운 맑은 잎새와 줄기, 푸르면서도 붉은 기운을 약간 띠운 줄기와 가시, 붉은 가시의 생각이 문득 나에게 한 폭의 환상을 일으킨다. ― 깊은 여름 밤 열어젖힌 창으로 나의 방에 들어오다 장미줄기에 걸리고 가시에 찔려 하아얀 팔과 다리에 붉은 피를 흘리는 낯모르는 임의의 소녀. ― 가시와 소녀의 피. ― 이것은 한 폭의 꿈일는지 모른다. 글로 썼거나 머리 속에 생각하여 본 한 폭의 아픈 환영일는지 모른다. ― 가시와 소녀와 피!

그러나 꿈 아닌 환영 아닌 피의 기억이 있다. 장미의 붉은 줄기와 가시에서 나는 문득 지난 기억을 선명하게 풀어낼 수 있다. 나머지 꿈의 아픈 물결이다. 무르녹은 여름의 하룻날 아침 일찍이 가족들과 함께 집을 나와 뒷산으로 산보를 떠났다. 여름은 짙고 송림 속은 그윽하였다. 드뭇한 산보객들 속에 섞여 그림자 깊은 길을 걸으면서 동물원에를 들어갈까 강에 나가 배를 타고 하루를 지울까 생각하다 결국 동물원에 들어가기로 하였다. 짐승들의 표정 없는 얼굴을 보고 잠시 동안이라도 근심을 잊어보자는 생각이었다. 그러나 이 비위 좋은 생각은 여지없이 짓밟히고야 말았다.

동물원이라고는 하여도 이름만의 것이지 운동장과 꽃밭 한구석에 덧붙이기로 우리 몇 간이 있을 뿐이다. 물새들의 못이 있고 원숭이와 독수리와 곰의 우리가 있을 뿐이다. 비극은 곰의 우리에서 왔다.

드문 사람 속에서 휘적휘적 우리와 우리 사이를

● 秋季

 돌아치는 요정의 머슴 비슷한 한 사람의 젊은이가 있었다. 큰 눈이 둥글둥글 굴고 입이 반쯤 열린 맺힌 데 없는 허술한 사나이는 번번이 일행의 앞을 서서 우리 안의 짐승을 희롱하곤 하였다. 제 흥도 제 흥이려니와 그 어디인지 그런 철없는 거동을 우리들에게 보이고자 하는 듯한 허물없고 어리석고 주책없는 생각이 숨어 있음이 눈치에 보였다. 원숭이를 희롱할 때에도 새들을 들여다볼 때에도 너무도 지나쳐 납신거리는 것을 우리는 민망히 여기는 끝에 나중에는 불쾌하기까지 생각하게 되었다.

 불쾌한 감정은 곰의 우리 앞에 이르렀을 때에 극도에 달하였다. 철망 사이로 손을 널름널름 들여 보내면 검은 곰은 육중한 몸을 끌고 와서 앞발을 덤석 들었다. 희롱이 잦을수록 곰은 흥분하여 나중에는 일종의 분에 타오르는 듯한 험상스런 기세를 보였다. 고개를 끄덕이면 우리 안을 대중없이 왔다갔다 하면서 기회를 노리는 눈치였다. 몇 번째인가 사나이의 손이 다시 철망 사이에 들어갔을 때 짐승은 기어코 민첩하게 왈칵 달려들어 앞발로 손을 잡고 잡자마자 입을 대였다. 사나이는 문득 굼틀하며 소리를 치고 손을 빼려 애썼으나 좀체 빠지지 않았다. 겨우 잡아 낚았을 때에는 무서웠다. 손가락 끝이 보기도 무섭게 바른 형상을 잃어버렸었다. 손톱이 빠지고 끝이 새빨갛게 으끄러졌다. 사나이는 금시에 얼굴이 파랗게 질리고 두 눈이 회동그래지며 넋잃은 사람같이 한참 동안이나 먼숭하게 섰다가 비로소 피 흐르는 손을 쥐고 어쩔 줄 모르고 쩔쩔 헤매었다.

민망한 생각도 불쾌한 느낌도 잊어버리고 우리는 순간 무서운 구렁 속에 휩쓸려 들어갔다. 신경을 퉁기는 자릿한 느낌이 전신에 흘렀다. 살이 부르르르 떨렸는지도 모른다. 끔찍한 꼴을 더 보기도 싫어서 주저하고 있는 동안에 사나이는 사람 숲에 쓸려 문을 나가 나무그늘 아래 쩔쩔매고 섰는 것이었다.

이윽고 나가 보았을 때에는 근처 집에서 얻어온 석유에 손가락을 잠갔다가 반석 위에 내놓고 피 흐르는 손가락을 돌멩이로 찧는 것이다. 말할 수 없이 미련한 그 거동이 도리어 화가 버럭 날 지경으로 측은하였다. 그러나 생각하면 그의 그 어리석고 철없는 거동이 우리들의 눈을 위한 것임을 생각하면 얼마간의 허물이 우리편에 있듯이 짐작되어 마음이 더한층 아파졌다. 될 수 있는 대로의 것을 그에게 베풀어야 할 것을 느끼고 나는 속히 집으로 데려가서 응급의 소독을 해줄까 느끼다가 그보다도 더 떳떳한 방법을 생각하고 급스러운 어조로 소리를 쳤다.

"얼른 병원으로 뛰어가시오."

소리만 치고 쩔쩔매기만 하는 나보다는 훨씬 침

착한 구원자가 있음을 알았다. 아내였다. 그는 지니고 있던 새 손수건을 내서 붕대삼아 사나이의 피흐르는 손을 감기 시작하였다. 사나이는 천치 같은 표정에 손을 넌지시 맡기고 있었다. 나는 오래간만에 아내의 날렵한 자태에 접하여 아름다운 생각을 금할 수 없었다. 지나친 감상이었을까.

병원을 띄어주기는* 하였으나 사나이에게는 그만한 능력이 있을 수 없음을 깨닫고 주머니 속을 들치다가 나는 또한 그날 지갑을 잊은 것을 알았다. 집에까지 가서 비용을 가지고 그를 병원에까지 인도하려고 생각할 때에 이번에도 또 아내가 진실한 구원자가 되고 말았다. 지갑 속에서 손쉽게 은화 한 잎을 집어내 사나이의 손에 쥐어 주는 것이었다. 나는 다만 물끄러미 그의 자태를 바라볼 뿐이었다. 한 사람의 모르는 사나이를 구원함에 공연한 마음의 주저뿐이었고 결국은 두 번 다 앞을 가로채이키고 길을 뺏긴 것을 생각하고 겸연한 마음을 금할 수 없었다.

이제 나에게는 마지막의 한 가지의 봉사만이 남았을 뿐이었다. 그 천치 같은 사나이를 근처 병원으로 인도함이었다. 나는 병원을 가리켜 주는 길로 아울러 집에 들러 지갑을 가지고 반날의 뱃놀이를 떠나기를 계획하며 아이들을 송림 속에 남겨둔 채 사나이를 이끌고 길을 걸어 내려갔다. 아름다운 장면

이 머릿속에서 쉽사리 꺼지지 않았다. 흰 손수건과 붉은 피가 아름다운 한 폭을 이루었다. 피와 수건의 붉은 것과 흰 것의 조화가 맑고 진하게 오래도록 마음속에 물결치게 되었다.

수풀 속을 거닐 때마다 기억이 새로워지고 반석 위에 피 흔적을 살필 때마다 지난 때의 광경이 불같이 마음속에 살아났다. 근처 집에서 사나이의 그 뒷소식을 물어 무사하다는 것을 듣고 일종의 알 수 없는 안심조차 느꼈다. 시절이 갈려 가을이 짙고 수풀 속에 낙엽이 산란하게 날릴 때 오히려 기억은 더 새로웠다.

가을이 다 지난 흙빛만의 뜰에서 잠깐 잊었던 피의 기억을 장미의 붉은 가시로 말미암아 다시 추억해 낸 것이다. 마음을 빛나게 하는 생생한 추억 — 늦게까지 남아 있는 장미포기와 함께 늦가을의 귀한 마지막 선물이다.

푸른 집 속에 남은 철 늦은 꿈의 물결이다.

생활의 시절이 단란의 때가 왔다.

어린것을 데리고 목욕물 속에 잠기는 것도 한 기쁨이 되었다.

크리스마스 트리에 오색 전기를 장식하고 많은 선물을 달아맬 것도 한 즐거운 기대다. 책상 위에는

● 秋季

그림책을 펴놓고 허물없는 꿈에도 잠길 수 있는 것이다.

　가난한 재료로 될 수 있는 대로의 풍성한 꿈을 꿈이 이 시절에 맡겨진 과제이다. 생활의 재주이다. 낙엽의 암시이다.

- 휘추리: 가늘고 긴 나뭇가지.
- 각지: '갈퀴'의 방언(충북).
- 깨금: '개암'의 방언(강원, 전북, 충청).
- 사흘도리: 사흘에 한 번씩.
- 결머리: 몹시 급한 성미 때문에 일어나는 화증.
- 뙤어주기는: 모르는 사실을 깨달아 알도록 암시를 주는.

- 秋季

겨울

❄冬季

동계 ❄

❄冬季

눈

윤동주, 1936. 12.

동계 ❄

눈이

새하얗게 와서

눈이

새물새물*하오. ❄

---

* 새물새물: 입술을 약간 샐그러뜨리며 소리 없이 자꾸 웃는 모양.

❄ 冬季

처음눈(설(雪))

허민, 1931. 11. 29.

눈이 내립니다. 이 땅 위에 올해에 처음인 눈이 내립니다!

눈 오는 때는 아직 멀었어도 그래도 이 땅의 애착(愛着)이 떨어지지 않았는지 내립니다.

처음이면서도 서슴지 않고 내리는 눈이었지만 어쩐지 슬픔을 담아 내립니다.

눈은 겨울을 알리우는 사자(使者)*외다. 그러고 자기까지 겨울의 차고 아름다움을 수놓은 무녀(舞女)*외다. 무녀이면서도 그의 노래는 듣지 못합니다.

노래라면 그것을 노래라 할까요 땅에 닿을 적에, 사뿐함을!

산곡(山谷)*의 정서(情緖)를 헤치고 유유(愉愉)히!
새의 울음에 말리어 애달프게!
하늘의 구름에서 대지(大地) 위에!
힘없고 슬프게 차지 않고 소리 없이 아 자연(自然)의 분(紛)*은 땅을 화장(化粧)*하려고 내립니다.

푸르수름하다. 파르스름하다.
국화(菊花)는 이미 죽은 듯 수그러지고 이때껏 퍼르스럼한 풀들은 그의 압력(壓力)에 눌리어 숨조차 없습니다. 그러나 인간과 새들은 그를 노래합니다. 박약(薄弱)한 혈기(血氣)이면서도 유냉(流冷)한

❋ 冬季

고동(鼓動)*을 두들거리며

 그러나 이 환락(歡樂)이 얼마입니까 태양의 길이 점점 올라와지면 아 ― 그는 대수(大水)*에 끌린 어린아이같이 흔적조차 없이 살아질 때가! 그때의 우리들은 필경(畢竟)* ― 무대(舞臺)에 나타난 술자(術者)* 없어진 그 순간의 경이(驚異)! 그때와 같을 것이지요!

 눈은 내립니다. 사람들은 그를 봅니다. 정성스러운 낯빛으로 정성스러운 슬픔을 무릅쓰고 그 눈을 대합니다.

 새의 몸이 저 문을 헤치고 동무를 찾아 저 건너로 갑니다. 보일 때 그때에 남긴 애달픈 울음이 내 가슴을 부대끼게 하였습니다. 이제는 세간(世間)에 흐르는 눈만이 그 자태와 나의 몸을 가립니다. 그러나 내 맘과 그 맘은 덮지 못하겠지요.

❋ 사자(使者): 명령이나 부탁을 받고 심부름하는 사람.
❋ 무녀(舞女): 춤을 추는 여자.
❋ 산곡(山谷): 산과 산 사이의 움푹 들어간 곳. 산골짜기.
❋ 분(粉): 얼굴빛을 곱게 하기 위하여 얼굴에 바르는 화장품의 하나.
❋ 화장(化粧): 화장품을 바르거나 문질러 얼굴을 곱게 꾸밈.
❋ 고동(鼓動): 피의 순환을 위하여 뛰는 심장의 운동.
❋ 대수(大水): 비가 많이 와서 강이나 개천에 갑자기 크게 불은 물.
❋ 필경(畢竟): 끝장에 가서는.
❋ 술자(術者): 술법을 부리는 사람.

❋ 冬季

개는 눈(설(雪))을 모르는가

허민, 1931. 8. 15.

아니 개가 눈을 모르는가!

그렇게 뛰어놀고 그렇게 묘기(妙技) 내어 노는 것을 볼 때 나는 이제껏 좋아서 그러는 줄 아는데.

아니 개가 눈을 못 보다니!

설녀(雪女)여 그대는 개의 춤을 반가이 하는가! 않은가!

그대의 곱고도 아양성 있는 하얀 낯은 껍질째 그대는 개의 무둔착(無頓着)*한 마음을 즐거워하는가!

오 — 그대여! 영원(永遠)히 노는 개는 아니다.

비록 개의 눈에 그대의 얼굴이 안 보인다 할지라도, 개는 그대에게 무명애(無明愛)*를 주는 줄 알겠지.

오 — 그대는 — 오래 있지는 못한다!

대지(大地)의 가슴속이 따스해질 때, 그대는 기억과 기억을 거듭하면서, 저주(咀呪)의 눈빛도, 쓸데없이 사라지는 것이다.

개는 그대를 사랑한다.

그대를 알고, 안 알고 간에 사랑한다.

다만 개는 발꿈치에 대이는 그대의 호흡을 감각(感覺)하고, 그대를 안다.

❈ 冬季

　　개는 발로서, 그대를 만지면, 그대는!

　　개에게 웬 — 청결(淸潔)하고 순백(純白)한 옥체(玉體)를 맡기는 것이다.

　　사랑하여라! 오, 사랑은 이물(異物)도 없고 국경(國境)도 없는 것이다.

──『혼(魂)의 무덤』에서

동계❋

❋ 무둔착(無頓着): 무관심.
❋ 무명애(無明愛): 도리나 이치를 따지지 않는 사랑.

❄ 冬季

겨울방학(放學)에 할 것

방정환, 『어린이』 6권 7호, 1928. 12.

눈맞이

 우선 눈을 많이 맞으십시오. 겨울에 제일 반갑고 좋은 것은 눈 오시는 것이니, 눈이 오시거든 책을 덮어 놓고 뛰어 나아가서 눈을 맞으십시오. 비 오시는 것은 구슬프지만 눈 오시는 것은 정답고 재미있습니다. 눈 오시는 것을 보면 아무라도 마음이 고와지고 생각이 부드러워집니다. 일 년 내 그리웁던 눈이 당신의 집 마당에 찾아오면 어떻게 당신이 유리창으로 내다보고만 앉아있겠습니까? 뛰어나가서 그 깨끗하고 반가운 눈을 맞으면서 돌아다니십시오. 동네집 동무의 집을 찾아다니고 그리고, 동네 바깥 벌판에도 나가 보고, 또 뒷동산에 올라가서 눈 속에 파묻히는 동네를 내려다보기도 하십시오. 그러면, 눈과 하늘과 동네와 벌판과 겨울이 모두 한 뭉치가 되어 당신의 가슴 속에 삼켜집니다. 그리하는 것이 당신의 자연을 집어삼키는 것이 됩니다. 눈이 웬만큼 쌓이거든 두 편을 갈라서 눈싸움을 꼭 규칙을 정해 가지고 규모 있게 하고, 눈이 대강 그치거든 눈을 뭉쳐서 사람을 만들되, 사람만 만들지 말고 송아지, 코끼리, 앉은 토끼, 오리, 닭, 쥐, 우체통, 3층탑, 자동차 무엇이든지 만드십시오. 집집이 잘 만들기 내기를 하거나 동네와 동네가 편 갈라 가지고 내기를 하

❄ 冬季

여도 좋습니다.

눈과 함께 사십시오. 눈 속에서 뒹굴면서 지내십시오.

화 초 분

전에도 말씀하였지만 이번 겨울에는 방 속 책상 위에 반드시 화초분이나 꽃이 없으면 풀이나 나무라도 반드시 하나 놓고 키우십시다. 그것도 없으면 배추 뿌리를 심거나 무를 사발에 심어서라도 그 싹을 키우십시오. 원목은 물론이요, 사람들까지 짐승들까지 이 세상 온갖 것이 추위에 눌려 엎드려서 하나도 생기 있는 것을 보지 못하고 살게 되는 때, 배추잎이라도 무 싹이라도 책상 위에서 파랗게 커 가는 것을 볼 수 있는 것은 그 파란 생기를 내 몸에 옮겨 가지게 되므로, 늙은이에게도 좋지만 자라나는 어린 사람에게는 더할 수 없이 유익하고 재미있는 일입니다.

원족회(遠足會)

원족*이라면 반드시 봄철이나 가을철, 경치 좋은 때 하는 것인 줄 알지만 그렇지는 않습니다. 겨울

방학 때 40리나 50리 바깥에 전부터 소문만 들으면서 가 보지 못한 곳을 찾아가 보는 것이 얼마나 좋은 일이겠습니까? 이름만 듣고 가 보지 못하던 절, 아침저녁으로 멀리 바라보기만 하고 가 보지 못한 높은 산, 30리나 40리나 바깥에 있는 동네에서 재미있게 하여 나간다는 소년회, 그런 데를 뜻 맞는 동무 5,6명이나 7,8명이 점심 차려 가지고 갔다 오는 것이 얼마나 유익하고 재미있는 일입니까? 잠을 안 자고 새벽 세 시나 네 시에 떠나는 것도 재미요, 밤이 들어 열 시, 열한 시에 돌아와 보는 것도 재미입니다. 더욱 눈이 쏟아지는 때 눈을 맞으면서 창가(노래)를 높이 부르면서 먼 길을 걸어 높은 산에 올라가는 것은 씩씩하고도 기쁜 일입니다.

일야강(一夜講)

동네에서 조금 떨어진 곳에 방을 얻을 수 있으면, 그 곳에 장소를 정하고 저녁 먹고 그리로 모이되, 공책 하나와 연필 하나를 가지고 모입니다. 모여서 가령 7시에 모인다면 7시부터 30분까지 창가 합창, 8시 반까지 한 시간동안 역사 이야기(어른더러 하여 달랠 것), 9시까지 독창 독주, 또는 재담소리, 9시부터 10시 반까지 토론, 10시 반부터 11시 반까지

❋ 冬季

반 시간 동안 밖에 나아가서 동네 순찰을 돌고, 11시 반부터 12시까지 자유로 팔씨름, 다리 씨름, 몸 재주, 수수께끼, 각각 자기 맘대로 하고, 자정을 치면 일제히 누워서 잡니다. 새벽 5시에 일제히 일어나서 합창 3회를 하고, 뛰어나가서 샘물로 세수하고, 뒷동산에 올라가서 동천을 향하고 체조, 합창을 30분 동안 하고, 내려와서 6시에 한 시간 동안 역사 이야기를 듣고, 7시 반까지 소견껏 장래 일을 약속하고, 7시 반에 흩어져 내려와서, 8시에 아침을 먹습니다.

이것도 크게 유익한 일이요, 겨울 방학에 하기 좋으니 꼭 한 번 실행해 보십시오. 자꾸 하게 됩니다.

영년회(迎年會)

12월 31일 밤 각각 자기 집에서 과세*하지 말고 한 방을 치우고 이 날은 특별히 석유 등잔을 치우고 촛불을 밝게 켜고 벽 정면에는 '송구영신(送舊迎新)'*이라 크게 써 붙이고, 모여 앉아서 창가도 하고 신년부터 실행하고 싶은 일을 각각 적어 가지고 와서 차례차례 일어서서 그것을 크게 읽고 음악회처럼 담화회처럼 재미있게 놀다가, 새벽에 흩어져 돌아가면 혼자 자기집에서 과세하는 것보다 더 재미있고 더 의미 있습니다.

동계 ✽

✽ 원족: 휴식을 취하기 위해서 야외에 나갔다 오는 일.
✽ 과세: 설을 쇰.
✽ 송구영신(送舊迎新): 묵은해를 보내고 새해를 맞음.

❄ 冬季

설날을 기다림

허민, 1932. 1. 22.

고운 옷 입고 세배 다니는 설날!
떡 먹고 웃으면서 즐겁게 노는 그 설날
연 날리고 유희하는 한 살의 설날
얼른 오너라 같이 놀다가 맞아

즐거움에 우러나오는 말
"아— 설날은 우리의 즐거움을
북돋워 주는 부처님이다—"
어린이 마음에서 들려올지

하루 이틀 날아가 설날으로
조금 조금씩 우리 앞에 놓아 주려 한다.
나중에 즐거움을 모르는 듯이
늘 늘 설날을 기다리며 애쓴다.

❋ 冬季

눈 오는 새벽

방정환, 『어린이』 4권 2호, 1926. 2.

아기들아, 너희는
어디 가느냐?
새하얀 양초들을
손에다 들고,
오늘도 함박눈이
쏟아지시니,
새벽의 산골짜기
나무 다리가,
미끄러워 다니기
위태할 텐데.
어머님 저희는 가겠습니다.
새하얀 이 초에
불을 키어서
이 뒷산 골짜기
깊은 골싸기,
눈 속에 떨고 있는
작은 새들의
보금자리 녹여 주러
가겠습니다.

❋ 冬季

동면(冬眠)

채만식, 『매일신보』, 1939. 12. 3.

동계 ❋

　곰은 가을이면 도토리 나무에 올라가서 도토리 열매를 따먹고, 배야 터지거나 말거나 실컷 따 먹고 또 따먹고, 그러면서 간간이 한 번씩 땅으로 투욱 떨어져 보고 떨어져 보고 한다는 이야기가 있다.

　그러다가 마침내 살이 질 대로 져서 암만 떨어져 보아도 아픈 줄을 모를 정도가 되면, 그제야 굴속으로 깊이 들어가 삼동❋ 내내 발바닥을 핥으면서 그 한겨울을 난다고……

　천하에 미련한 놈이지만, 그것 한 가지만은 대단히 부러운 재주 같다.

　조옴이나 좋나.―

　봄 여름 가을 이렇게 철 좋은 시절만 살고서 가을이거들랑 도토리 열매나 배불리 따 먹으면서 가끔 땅 위로 떨어져 보기나 하면서 살을 지어 가지고는 겨울 한절일라컨 추위 모를 굴속에 가만히 들어앉아 심심풀이로 발바닥이나 핥고…… 그게 인간으로 치면 발바닥을 긁는 요량일 테지……

　그리고서 이윽고 봄이 오게 되면 기지개나 불끈 켜면서 도로 기어나오고…… 참으로 팔자 하고는 곰의 팔자가 천하 제일이다.

　인간도 (이건 나 혼자를 두고 말인데) 어떻게 곰처럼 혹은 또 개구리처럼 아주 입을 봉해버리고서 겨울 한철을 동면을 하는 재주를 부리는 재주는 없

*冬季

는지, 엄동의 무서운 발자국 소리가 차차로 가까이 들림을 따라 요새는 그게 실없이 연구거리가 되다시피 했다.

신문은 올 여름이 몹시 더웠으니 겨울은 몹시 추우리라는 무시무시한 소리를 해쌓는다.

그렇지 않아도 내게는 세상 무거운 게 겨울이요 추위인데 말이다.

섬에서 살아보지를 못한 탓인지 풍랑의 무서움이 어떤가를 모른다.

산중에서 나지 못한 덕에 동물원엘 가면 호랑이가 테리어만큼 만만하고 사랑스럽다.

저놈이 들입다 어흥! 소리를 치면서 주홍 같은 입을 벌리고 달려들어 인간을 해하다니, 괜한 거짓말…… 아, 그러거들랑 발길로 칵 걷어차든지 몽둥이로 한 대 갈기면 고만일 것만 같다.

생후 여지껏 병화(兵禍)를 겪은 일이 없고 더구나 근대전에 있어서 후방의 비전투원에게 가장 전율을 준다는 공습도 천행으로 런던이나 파리의 시민이 아니었기 때문에 그저 시들하다.

그야 물론, 무엇이냐가 범 무서운 줄 모른다는 꼭 그 격이지만, 아무튼지 그래서 시방 깐*으로는 천하에 무서운 건 추위요 겨울이다.

이제부터 시작하여 섣달 정월 이월 그리고 삼월

까지는 추위한테 몰려 옴짝 못하고서 달달 떨어야 할 이 삼동이, 바라다보기만 해도 큰 준령*이 앞을 막는 듯 기가 딱 질린다.

그러나마 금년 겨울을 죽는 시늉하면서 가까스로 치르고 나면 명년엔 또 명년 겨울이 있고, 내명년엔 내명년 겨울…… 내내명년엔 내내명년 겨울…… 아이! 생각하면 머리가 득득 긁힌다.

평생을 두고 해마다 한 번씩 의무처럼 그 곡경을 치르느니 차라리 어디 사시* 온대*로 도망이라도 가고 싶다.

그러거나 동 남 서 삼면과 지붕을 자외선 초자(硝子)*로 인 집을 한 채 널찍하게 지어놓고 그 속에서 겨울을 나든지……

하지만 그도저도 못할 형세니 궁리한다는 게 동년이다.

동면을 안한다는 건 인류의 지행(至幸)*일는지 모르겠으나 내게는 아무래도 불행이다.

---

* 삼동: 겨울의 석 달.
* 깐: 일의 형편 따위를 속으로 헤아려 보는 생각이나 가늠.
* 준령: 고되고 어려운 고비를 비유적으로 이르는 말.
* 사시: 봄, 여름, 가을, 겨울의 네 철.
* 온대: 열대와 한대 사이의 지역.
* 초자(硝子): 유리.
* 지행(至幸): 다행.

❄ 冬季

겨울 식탁

이효석,『청량』3호, 1926. 3. 16.

동계 ❋

수척한 겨울

기름기가 없어진 공기

민감하게 괴로워하는 겨울 아침은

신경질적으로 떨고 있다

오전 9시다

따뜻하게 타고 있는 스토브 옆에서

좋은 차의 향기를 핥아 빨면서

우리들은 겨울 식탁에 둘러앉는다

— 미소와 건강과

그리하여 온화함과의 가득 넘치는 식탁을

밖은 무서운 아침이다

수척한 겨울

❄ 冬季

이월(二月)

고석규

동계

나무 곁에 서서 너는 나를 보고 있다.

너의 오늘따라 흐린 눈망울 속에
바람이 간다.

너는 내게로 오지 못하는
땅의 검은 거리(距離)를 어쩔 수가 없다.

나무는 가시발처럼
그늘에 솟아 있고

하늘 속에 멎어가는
나무의 또 하나 여백(余白)을 울음 우는
네 애연한 소리만이 가늘다.

나무와 너.
피도 없이 봄을 기다리는 지극한 설움이
나에겐 자꾸 보이는 것이다.

---

* 거리(距離): 두 개의 물건이나 장소 따위가 공간적으로 떨어진 길이.
* 애연한: 슬픈 듯한.

❄ 冬季

겨울 시장

이효석, 『청량』 3호, 1926. 3. 16.

재앙의 계시처럼
바람이 허공에서 소용돌이치고
차디찬 눈발이
영혼까지도 얼어붙게 하려 한다

허나 이것은 또한 어쩌자는 흥청거림이냐
생기에 넘치는 아침 시장

가게 앞을 물들이는 과일들
싱싱한 야채
신선한 생선들의 무더기

장사치의 손님 부르는 소리가
심포니처럼 낭랑하게 울려 퍼진다

얼마나 활기에 가득 찬
귀하디 귀한 생활인가!

차디찬 겨울의 아침 시장은
즐거운 봄의 축제 같아라

❄ 冬季

눈 밤

심훈, 1929. 12.

소리 없이 내리는 눈,

한 치(寸), 두 치 마당 가뜩 쌓이는 밤엔

생각이 길어서 한 자(尺)외다, 한 길(丈)이외다.

편편(片片)이 흩날리는 저 눈송이처럼

편지나 써서 온 세상에 뿌렸으면 합니다.

❄ 冬季

참고문헌

단행본	한국교과서, 『하늘과 바람과 별과 시』(복제(영인)본), 윤동주, 2015. 근대서지학회, 『근대서지』 제25호, 김람인, 2022, pp.854-855. 근대서지학회, 『근대서지』 제25호, 박아지, 2022, p.889. 『평북 사투리 소사전』, p.287.
신문기사	이효석, 『단상의 가을』, 동아일보, 1933. 한용운, 『심우장산시』 6, 조선일보, 1936. 윤성열, 『이중졸업』 제54화, 중앙일보, 1977.
온라인	한국저작권위원회, 「공유마당」, gongu.copyright.or.kr 국사편찬위원회, 「한국사데이터베이스」, db.history.go.kr 네이버(주), 「뉴스 라이브러리」, newslibrary.naver.com 국립국어원, 「표준국어대사전」, stdict.korean.go.kr 국립국어원, 「우리말샘」, opendict.korean.go.kr 국립국어원, 「한국민족문화대백과사전」, encykorea.aks.ac.kr 네이버(주), 「고려대 중한사전」, zh.dict.naver.com 네이버(주), 「오픈사전」, ko.dict.naver.com POSTUM, 「POSTUM」, postum.com

계절의 효능

1판 1쇄 발행	2022년 10월 14일
1판 3쇄 발행	2025년 03월 21일
지은이	계용묵, 고석규, 김남천, 김람인, 김영랑, 김현구, 박아지, 박인환, 방정환, 심훈, 윤동주, 이광수, 이상화, 이육사, 이장희, 이효석, 정지용, 채만식, 청오생, 최서해, 한용운, 허민
펴낸곳	오이뮤(OIMU)
출판등록	2018년 11월 14일 제 2018-000235호
주소	(06584) 서울시 서초구 동광로 95-1, 3층
홈페이지	oimu-seoul.com
대표전화	02.588.3123
이메일	oimu.seoul@gmail.com
교환 문의	oimu.oneday@gmail.com
값	23,000원
ISBN	979-11-965388-5-9 03810

© OIMU, 2025 Printed in Seoul, South Korea
이 책 내용의 일부 또는 전부를 재사용하려면 반드시 오이뮤(OIMU)의 동의를 얻어야 합니다.